晚清民國時期中國名勝古蹟圖集

晚清民国时期中国名胜古迹图集

CHINESE HISTORICAL SITES OF THE LATE QING DYNASTY AND THE REPUBLIC OF CHINA

第捌卷 全本精装版

VOLUME 8

- TIANLONG MOUNTAIN OF SHANXI PROVINCE
- TAIYUAN CITY OF SHANXI PROVINCE
- PINGDING COUNTY OF SHANXI PROVINCE
- YINGXIAN COUNTY OF SHANXI PROVINCE
- YUCI DISTRICT, JINZHONG CITY OF SHANXI PROVINCE
- DATONG CITY OF SHANXI PROVINCE
- JIAOCHENG CITY OF SHANXI PROVINCE
- ZHAOCHENG CITY OF SHANXI PROVINCE
- YONGJI CITY OF SHANXI PROVINCE
- PINGYAO COUNTY OF SHANXI PROVINCE
- ZHAOXIAN COUNTY OF HEBEI PROVINCE
- ZHENGDING COUNTY OF HEBEI PROVINCE
- QUYANG COUNTY OF HEBEI PROVINCE
- LINGSHOU COUNTY OF HEBEI PROVINCE
- YUANSHI COUNTY OF HEBEI PROVINCE
- SHUNDE COUNTY OF HEBEI PROVINCE
- XINGTANG COUNTY OF HEBEI PROVINCE
- DINGZHOU CITY OF HEBEI PROVINCE
- BAODING CITY OF HEBEI PROVINCE
- TONGZHOU COUNTY OF HEBEI PROVINCE

山西天龙山
山西太原　山西平定　山西应州
山西榆次　山西大同　山西交城
山西赵城　山西永济　山西平遥
河北赵州　河北正定
河北曲阳　河北灵寿　河北元氏
河北顺德　河北行唐　河北定州
河北保定　河北通州

[日] 常盘大定　关野贞 著
王铁钧　孙娜 译

图书在版编目（CIP）数据

晚清民国时期中国名胜古迹图集：全本精装版. 第八卷 /（日）常盘大定,（日）关野贞著；王铁钧, 孙娜译. -- 北京：中国画报出版社, 2019.6（2024.7重印）
ISBN 978-7-5146-1726-9

Ⅰ.①晚… Ⅱ.①常… ②关… ③王… ④孙… Ⅲ.①名胜古迹—中国—近现代—图集 Ⅳ.①K928.70-64

中国版本图书馆CIP数据核字(2019)第049255号

晚清民国时期中国名胜古迹图集（全本精装版） 第八卷

[日] 常盘大定 关野贞 著　王铁钧 孙娜 译

"十三五"国家重点图书出版规划
国家出版基金资助项目

| 策　　划：于九涛 |
| 项目主持：于九涛　齐丽华 |
| 本卷主编：张明杰 |
| 校　　译：秦　上 |
| 责任编辑：廖晓莹 |
| 封面设计：郑建军 |
| 责任印制：焦　洋 |

出版发行：中国画报出版社
地　　址：中国北京市海淀区车公庄西路33号　邮编：100048
发 行 部：010-88417418　010-68414683（传真）
总编室兼传真：010-88417359　版权部：010-88417359

开　　本：16开（889mm×1194mm）
印　　张：17.5
字　　数：100千字
版　　次：2019年6月第1版　2024年7月第3次印刷
印　　刷：三河市金兆印刷装订有限公司
书　　号：ISBN 978-7-5146-1726-9
定　　价：1980.00元（全十二卷）

作 者

常盘大定 (1870—1945)

日本宫城县人，研究中国佛教之学者。历任日本真宗中学、天台宗大学、日莲宗大学、真宗大学、丰山大学、东京大学等校教师。1920年以后五次来华，研究敦煌、云冈、龙门诸石窟及房山石经等佛教史迹。主要著作有《印度文明史》、《释迦牟尼传》、《中国佛教史迹》、《中国佛教史迹英文评解》五册（与关野贞合著）、《中国文化史迹》十二册（与关野贞合著）等。

关野贞 (1868—1935)

日本近代著名建筑史研究家，生前为东京大学工学部建筑学科教授。不仅在日本建筑史方面造诣很深，而且在中国、朝鲜等国的建筑与美术史研究界也享有盛名。曾多次到中国、朝鲜及印度等国实地考察，撰写了一批影响深远的考察报告和学术论著。主要著作有《日本的建筑与艺术》、《朝鲜的建筑与艺术》、《中国的建筑与艺术》、《中国文化史迹》十二册（与常盘大定合著）等。

译 者

王铁钧

1954年生，华侨大学外语学院日语系教授，从事文化与翻译研究，著述颇丰，出版有《日本学研究史识》《中日关系史论》《翻译史研究新论》《中国佛典翻译史稿》等学术专著，并有诸多译著面世。

孙 娜

1982年生，华侨大学外语学院日语系讲师，现于厦门大学人文学院攻读语言人类学博士学位。主要研究方向为比较语言学与中日文化交流史，近年来在核心学术期刊及大学学报多有论文发表。

目录 / CONTENTS

山西天龙山　七
Tianlong Mountain of Shanxi Province

概说	八
第一窟	一四
第二窟	一八
第三窟	三〇
第四窟	四二
第五窟	四四
第六窟	四四
第七窟	四八
第八窟	四八
第九窟	五六
第十窟	六六
第十一窟	七二
第十二窟	七四
第十三窟	七六
第十四窟	七六
第十五窟	八〇
第十六窟	八〇
第十七窟	八六
第十八窟	九二
第十九窟与第二十窟	九八
第二十一窟	九八

- Introduction
- Cave No. 1
- Cave No. 2
- Cave No. 3
- Cave No. 4
- Cave No. 5
- Cave No. 6
- Cave No. 7
- Cave No. 8
- Cave No. 9
- Cave No. 10
- Cave No. 11
- Cave No. 12
- Cave No. 13
- Cave No. 14
- Cave No. 15
- Cave No. 16
- Cave No. 17
- Cave No. 18
- Cave No. 19 and Cave No. 20
- Cave No. 21

山西太原　一〇四
Taiyuan City of Shanxi Province

永祚寺	一〇四
傅公祠	一一四
净明寺	一二〇
奉圣寺	一二二
龙山　童子寺	一二四
风峪　石刻《华严经》	一二八
晋祠	一三〇

- Yongzuo Temple
- Fu Lin Temple
- Jingming Temple
- Fengsheng Temple
- Longshan Mountain　Location of Tongzi Temple
- Fengyu Valley　Avatamsaka Sutra Carved on Stone
- Jinci Temple

山西平定　一四六
Pingding County of Shanxi Province

李清报德像碑	一四六

- Stele for Thanksgiving Statue Built by Li Qing

山西应州(应县)　一四八
Yingxian County of Shanxi Province

佛宫寺　八角五层木塔	一四八

- Fogong Temple　Five-storey Octagonal Wood Pagoda

山西榆次 — Yuci District, Jinzhong City of Shanxi Province

- 永寿寺 — 一五〇 — Yongshou Temple

山西大同 — Datong City of Shanxi Province

- 九龙壁 — 一五二 — Nine-dragon-design Wall

山西交城 — Jiaocheng City of Shanxi Province

- 石壁山　玄中寺 — 一五六 — Shibi Mountain　Xuanzhong Temple
  - 昙鸾 — 一五六 — Master Tan Luan
  - 住持墓塔 — 一七八 — Tomb Pagoda for Buddhist Abbot
- 万卦山　天宁寺 — 一八二 — Wangua Mountain　Tianning Temple
  - 住持墓塔 — 一八六 — Tomb Pagoda for Buddhist Abbot

山西赵城 — Zhaocheng City of Shanxi Province

- 广胜寺 — 一八八 — Guangsheng Temple
  - 金代《大藏经》 — 一九〇 — Gold Version of Tripitaka

山西永济 — Yongji City of Shanxi Province

- 栖岩寺舍利塔碑 — 一九二 — Stele for Dagoba of Qiyan Temple

山西平遥 — Pingyao County of Shanxi Province

- 慈相寺 — 一九四 — Cixiang Temple

河北赵州 — Zhaoxian County of Hebei Province

- 栢林寺 — 二〇〇 — Bailin Temple

河北正定 — Zhengding County of Hebei Province

- 临济寺 — 二一〇 — Linji Temple
  - 临济 — 二一二 — Master Lin Ji
  - 清塔 — 二一四 — Qingta Pagoda
  - 铁钟 — 二一四 — Iron Bell
- 龙兴寺 — 二一八 — Longxing Temple
  - 大佛殿 — 二二四 — Great Buddha Hall

转轮藏	二四四	Revolving Shelf for Holding Buddhist Sutra
隋龙藏寺碑	二四六	Stele for Longcang Temple of the Sui Dynasty
佛顶尊胜陀罗尼经幢	二五〇	Column with Buddhist Sutra
开元寺	二五四	Kaiyuan Temple
广惠寺　花塔	二五六	Guanghui Temple　Huata Pagoda
天宁寺	二五八	Tianning Temple
唐清河郡王纪功碑	二六〇	Stele for Recording the Contribution of Li Baochen of the Tang Dynasty

河北曲阳　二六四　Quyang County of Hebei Province

修德塔	二六四	Xiude Pagoda

河北灵寿　二六六　Lingshou County of Hebei Province

赵郡王高叡建定国寺碑	二六六	Stele of Dingguo Temple Sporsored by Gao Rui

河北元氏　二六八　Yuanshi County of Hebei Province

凝禅寺三级浮图碑	二六八	Stele of A Three-storey Pagoda of Ningchan Temple

河北顺德　二七〇　Shunde County of Hebei Province

开元寺	二七〇	Kaiyuan Temple
天宁寺	二七一	Tianning Temple

河北行唐　二七二　Xingtang County of Hebei Province

封崇寺	二七二	Fengchong Temple

河北定州　二七四　Dingzhou County of Hebei Province

开元寺	二七四	Kaiyuan Temple

河北保定　二七六　Baoding City of Hebei Province

莲池书院	二七六	Lianchi (Lotus Pond) Academy

河北通州　二七八　Tongzhou County of Hebei Province

佑胜寺砖塔	二七八	Brick Pagoda of Yousheng Temple
译后记	二八〇	Translator's Notes

山西天龙山 | TIANLONG MOUNTAIN OF SHANXI PROVINCE

TIANLONG MOUNTAIN OF SHANXI PROVINCE

TAIYUAN CITY OF SHANXI PROVINCE
PINGDING COUNTY OF SHANXI PROVINCE
YINGXIAN COUNTY OF SHANXI PROVINCE
YUCI DISTRICT, JINZHONG CITY OF SHANXI PROVINCE
DATONG CITY OF SHANXI PROVINCE
JIAOCHENG CITY OF SHANXI PROVINCE
ZHAOCHENG CITY OF SHANXI PROVINCE
YONGJI CITY OF SHANXI PROVINCE
PINGYAO COUNTY OF SHANXI PROVINCE

ZHAOXIAN COUNTY OF HEBEI PROVINCE
ZHENGDING COUNTY OF HEBEI PROVINCE

QUYANG COUNTY OF HEBEI PROVINCE
LINGSHOU COUNTY OF HEBEI PROVINCE
YUANSHI COUNTY OF HEBEI PROVINCE
SHUNDE COUNTY OF HEBEI PROVINCE
XINGTANG COUNTY OF HEBEI PROVINCE
DINGZHOU CITY OF HEBEI PROVINCE
BAODING CITY OF HEBEI PROVINCE
TONGZHOU COUNTY OF HEBEI PROVINCE

山西天龙山
山西太原　山西平定　山西应州　□
山西榆次　山西大同　山西交城
山西赵城　山西永济　山西平遥
河北赵州　河北正定　　　　　□
河北曲阳　河北灵寿　河北元氏　□
河北顺德　河北行唐　河北定州
河北保定　河北通州

概说

天龙山石窟，位于太原市治西南三十里许。太原市即古晋阳。东魏时，骁将高欢屯驻此地，后来，高欢之子建立北齐，称文宣帝，定都邺城，太原遂成别都。在政治和文化方面，太原均占有重要位置。南北朝时期，在其周边开石窟造佛像颇多。直至隋唐二代，石窟开凿依旧方兴未艾，凡此经营。但是历千百载岁月，当年的石窟、石佛，多已毁损殆尽。幸存至今日者，屈指数来，唯是天龙山石窟。据《府志》所载，天龙山石窟于北齐皇建元年（560）开凿，有石室二十四龛、石佛四尊，并有隋开皇四年（584）所镌石室铭。（图1-1、图1-2、图1-3）

天龙山石窟下方，有一寺院，称天龙寺，又叫圣寿寺。此寺今已废损不堪，在寺沙门不过数人而已。（图1-4、图1-5）

天龙山石窟群所在，分别位于天龙山左、右两峰之处，面朝西南。关野贞于日本大正七年（1918）六月首次前来考察，并在日本大正七年十二月刊行的《建筑学》杂志第384号上正式发表有关天龙山石窟的考察报告。常盘大定亦于日本大正九年（1920）考察天龙山石窟，并在日本大正十年（1921）出版的《古贤胜迹探幽》一书中将考察结果公诸于众，列举其中重要的石窟十四龛。日本大正十一年（1922）一月，田中俊逸氏一行基于关野贞、常盘大定等人的考察成果，并在充分准备的情况下完成对天龙山石窟考察。田中俊逸氏等人的此趟考察，于常盘大定此前考察过的天龙山左峰的左边石窟之外，又发现一处重要石窟，而在天龙山右峰靠右一侧的石窟之外，又新发现四处石窟。加上之前作者常盘大定未曾计数的小石窟，天龙山石窟据称总计二十四处。田中俊逸氏此次天龙山石窟考察的成果发表在日本大正十一年（1922）五月刊行的《佛教学杂志》。此次考察，精确详实，故有关天龙山的石窟数，就依照田中俊逸氏所公布的二十四窟计。其实，在田中俊逸氏考察前后，天龙山石窟的考察者堪称纷至沓来，无奈天龙山石窟名噪中外，致使为名所累而惨遭破坏。常盘大定于日本大正十三年（1924）暑期，委托庆应大学学生宁超武，与太原美丽兴照相馆老板专程前往石壁山及天龙山细心考察，并拍照及拓印之。天龙山实地考察则是安排在次年，委托同是庆应大学学生赵

青誉，与太原美丽兴照相馆老板同行，前往天龙山实地调查并详细地拍照。却惊闻天龙山石窟几无幸免，尽遭破坏，其状不忍卒睹、令人心酸。东方文化遭此荼毒，使人情何以堪！作者等人将此书刊行付梓，其旨在呼吁保护如此绝无仅有之文化遗产，让其免遭破坏，不受荼毒。尽管作者等人几度辛劳，对其考察，

图1-1·天龙山石窟全景

然于今现状却是极为不堪,有价值者已大半佚失。无奈之下,拙著只能部分借用田中俊逸氏所拍照片,以供论述。至于天龙山石窟惨遭破坏后现状的部分实拍照片,则见图1-12、图1-13、图1-52、图1-53、图1-64、图1-70、图1-71、图1-72。展示遭受破坏之后现状的八幅照片,俱附有未遭破坏以前的原照,以便读者诸君两相比较。天龙山石窟被如此大肆破坏,其时当为日本大正十二年(1923)。此外,日本大正十四年(1925)十月,奥村伊久良氏在天龙山山背面石佛寺旧址,于大岩石南面新发现三尊佛刻像。(常盘大定 文)

天龍山

第九窟
第十窟
第十一窟
第十二窟
第十三窟
第十四窟
第十五窟
第十六窟
第十七窟
第十八窟
第十九窟
第二十窟
第廿一窟

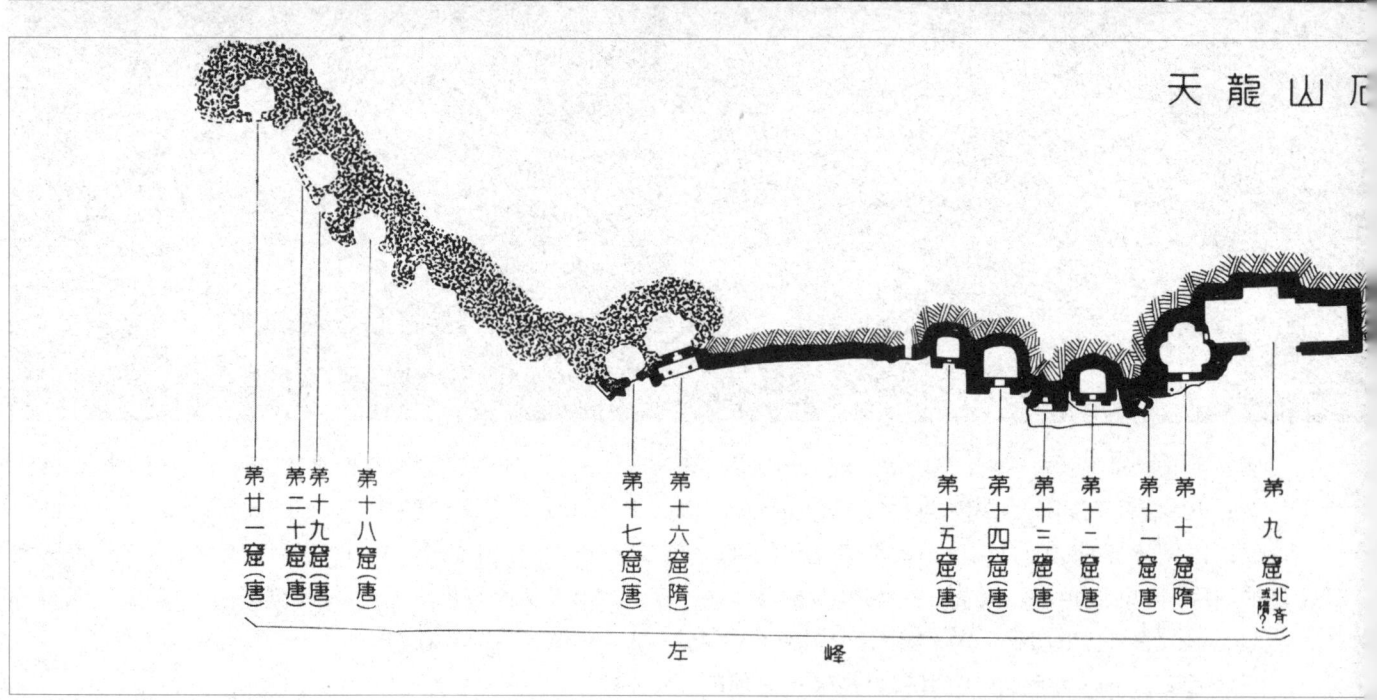

天龍山石

第九窟(北齊或隋?)
第十窟(隋)
第十一窟(唐)
第十二窟(唐)
第十三窟(唐)
第十四窟(唐)
第十五窟(唐)
第十六窟(隋)
第十七窟(唐)
第十八窟(唐)
第十九窟(唐)
第二十窟(唐)
第廿一窟(唐)

左　峰

图1-2・天龙山石窟全景

图1-3・天龙山石窟略配置图

图1-4·天龙山·天龙寺近景

图1-5·天龙山·天龙寺远景

第一窟

　　此石窟为田中俊逸氏等人所发现。据田中俊逸氏称，窟前錾有前廊，并有两柱支撑。于今柱已毁损。此窟柱上有梁，梁上左右两端及中央刻有三斗拱。斗拱之间各楔一蟆股，肘木之上有水缲，肘木两端有数个刳形腰拱，外观呈槽形螺旋线状。蟆股亦雕螺旋线，极为雅致。栌斗下端，见有一种刳形皿板，此种刳形皿板，与蟆股一起，让人不由想起日本法隆寺堂塔的建造原型。

　　石窟入口处上方见有莲花拱，莲花拱两端刻有凤凰，凤凰蹁跹于八角柱莲花状柱头之上。前廊右侧壁面有碑，形犹螭首。只因剥蚀毁损严重，碑面文字无一可辨，实是遗憾至极。（图1-6）

　　石窟宽十一尺，纵深亦十一尺。左右两壁及后壁各錾佛龛，龛头刻有莲花拱，莲花拱两端刻有凤凰或龙首。每一佛龛各纳三尊佛。后壁佛龛所纳本尊佛像，膝盖以下部分已为沙土所埋。本尊佛陀两侧侍者，似乎已被运往他处，只残留有被窃取的痕迹。窟内左右两壁三尊佛像，法相庄严，器宇轩昂，衣纹线条遒劲有力，或系北齐作品亦未可知。只是数次考察，皆漏了对其验明正身，故孰是孰非，暂难断言。（图1-7、图1-8）（关野贞 文）

图 1-6 · 天龙山 · 第一窟 · 外观

图1-7·天龙山·第一窟·左壁三尊佛

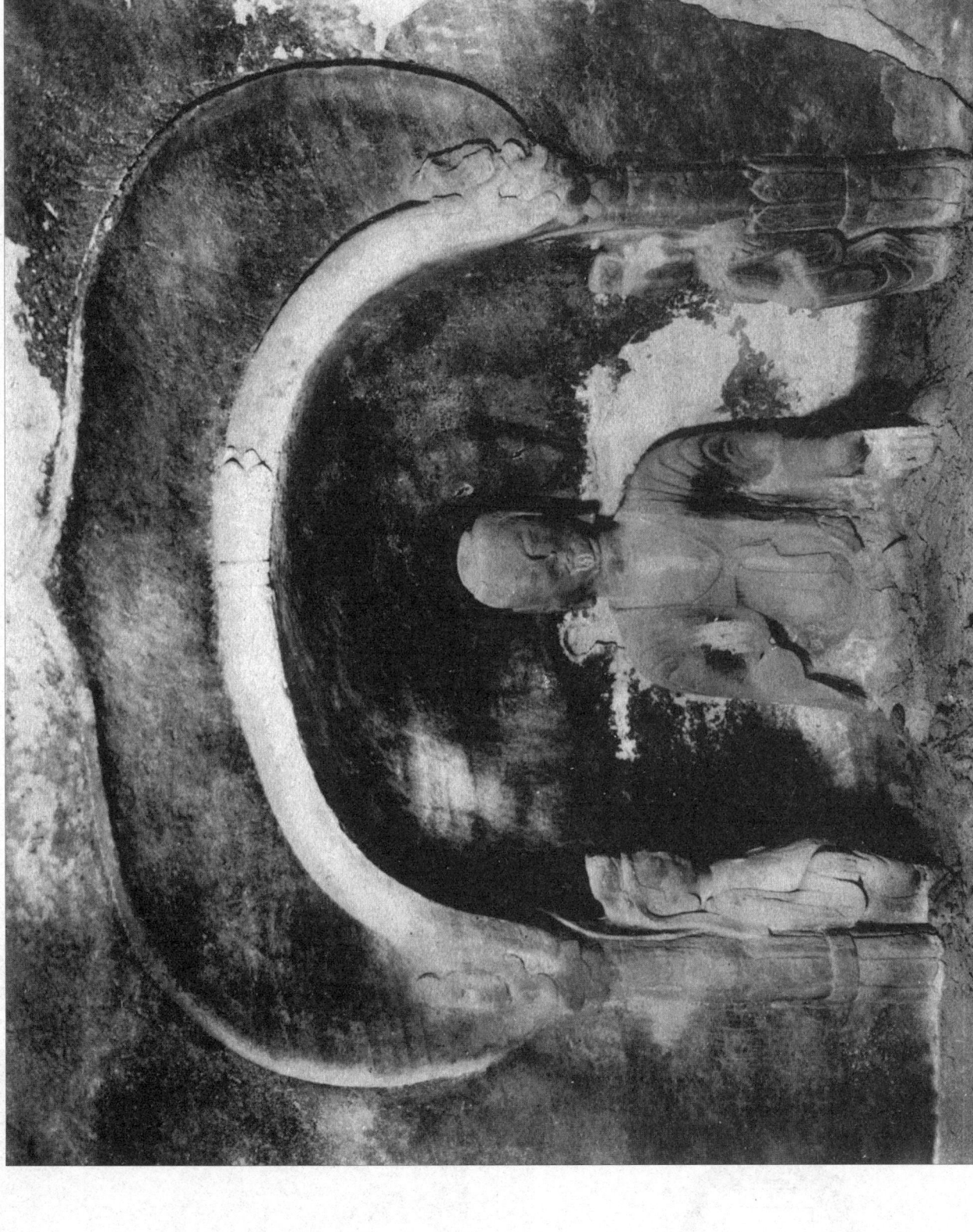

图 1-8·天龙山·第一窟·右壁三尊佛

第二窟

第二窟，其平面格局呈方形，宽八尺一寸五分，纵深八尺四寸五分。(图1-9) 窟内后壁中部有一佛龛，佛龛顶部作天穹盖状，垂帐半揭，在佛龛左右两侧壁面刻有侍奉菩萨像。本尊坐像供奉于须弥座上，背带佛光，呈舟形状。佛像衣衾蔽实，褶襞纹线流畅、遒劲。面容丰润，平和安祥，却又神采奕奕，宝相庄严，衣纹雕刻颇现力度感。本尊坐像两边的侍奉菩萨，皆立于莲座之上，可惜俱已面目全无。其身姿似经后世修整，但见天衣婆娑，羽衣霓裳，如长裙曳地，衣角曲线遒劲有力，是为褶襞，皆为北魏遗风。在此二尊菩萨头顶上方处錾有三尊小佛像，并排横列。(图1-10)

左壁錾一佛龛，内供三尊佛。佛龛上方刻莲花拱，下端雕龙。本尊佛陀纳于须弥座上，双足下垂。佛龛左边（若方向相反，则为右，下同），有手持如意者，立于帐幕之下，此人或是维摩亦未可知。佛龛上方，刻有供养者二人。再上方，分为两列，各刻坐佛两尊。佛龛右侧，其布局雕作，想来或许亦是匠意如此，只可惜，于今悉数剥蚀，唯上方处小佛像，尚留些许形迹，依稀可辨。

右壁中央，莲花拱佛龛内錾有本尊佛像，亦是身靠须弥座上，双足下垂，脚下有莲花座。(图1-10) 与左壁同，莲花拱两端刻有蟠龙。在此佛龛左右两侧壁面，各錾侍奉菩萨立像，俱立于莲花座上，其背光呈宝珠形。侍奉菩萨立像，面容温雅，姿态端庄，乃北魏时期造佛艺术风格典型表现。(图1-11) 在侍奉菩萨上方，还錾有一列小佛像，左右各三尊。图1-12为本尊佛像破坏后的现状，图1-13为右侧壁面侍奉菩萨破坏后的现状。依据此画面，左侧侍奉菩萨原状如何则不难想见。

第二窟入口处的左右壁面，刻有罗汉供养图浮雕，看去古朴苍然。(图1-14、图1-15) 再往上，分为二层刻錾小佛像，小佛像排列亦是左右各二尊。

图1-9·天龙山石窟平面图·第二窟

窟顶天花板处，比起四壁，更显起伏不平、弯直不一，故从中心点往四面播散，尽现飞天及并蒂莲花浮雕。其形其状，古朴可爱。方顶内，作莲花纹饰。于今，壁面与窟顶天花板交界处，有细框镶其边缘，并于天花板四隅及中央，描画斗拱。虽属近世以后匠人所上色彩，但原初的意匠与构思，似乎依旧隐约可见。（图1-16、图1-17）

图1-10·天龙山·第二窟·右壁佛陀(正中)

晚清民国时期中国名胜古迹图集·第捌卷·山西天龙山

图 1-11 · 天龙山 · 第二窟 · 右壁右侧侍奉菩萨

图1-12·天龙山石窟·被破坏后之现状(1925年拍摄)第二窟右壁本尊佛像

图 1-13 · 天龙山石窟 · 被破坏后之现状（1925年拍摄）第二窟右壁左侧侍奉菩萨像

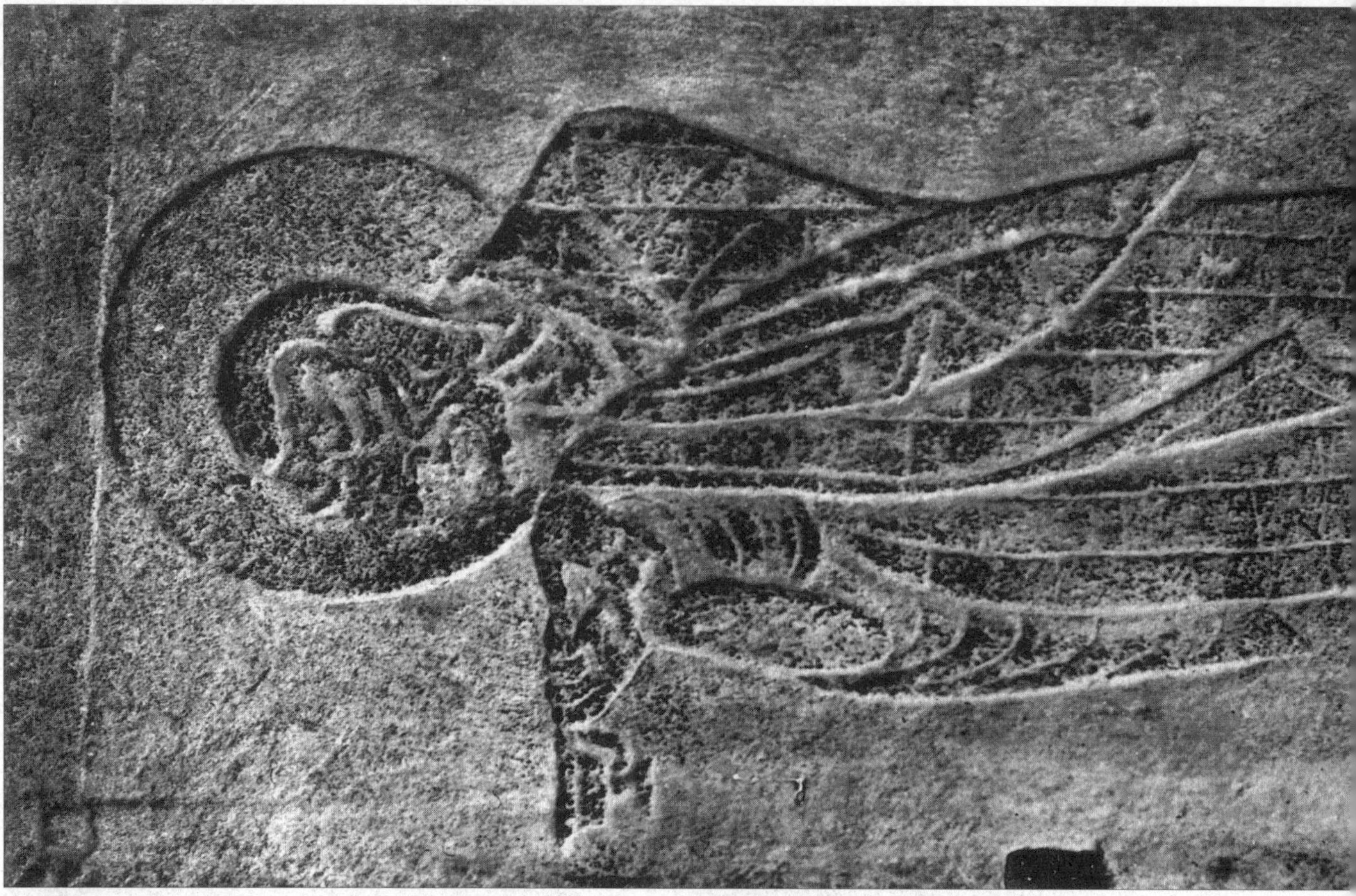

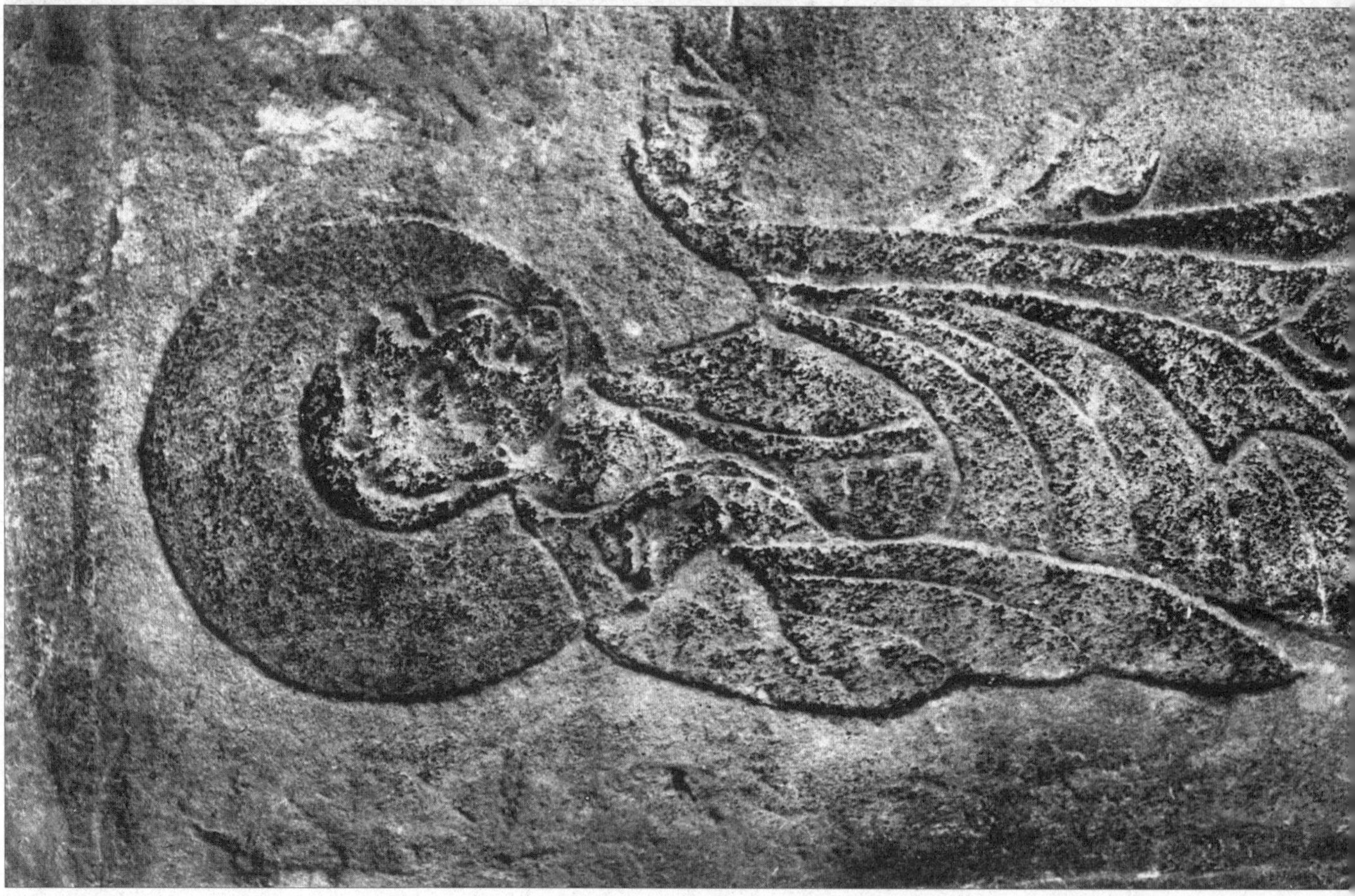

图1-15·天龙山·第二窟·前壁右方罗汉

图1-14·天龙山·第二窟·前壁左方罗汉

图1-16·天龙山·第二窟·窟顶天花板处的莲花及飞天

图 1-17 · 天龙山 · 第二窟 · 窟顶天花板处的莲花及飞天

第二窟与第三窟之间的岩壁

此第二窟与第三窟之间的岩壁，当初嵌有碑石，于今碑石已失，唯其形迹犹在。在其碑石上方处，刻有螭首。碑石既失，此石窟开凿之由来，以及开凿于何时，俱难以得知。虽说甚是遗憾，但从窟内錾刻雕饰的样式、风格推定，此第二窟当开凿于北齐时期。（图1-18）（关野贞 文）

图 1-18-1 天龙山·第二窟、第三窟之间·龛

第三窟

第三窟，面积与第二窟不相上下，二者建造式样亦大致相同，盖出于二者同时开凿之缘故。窟内宽八尺四寸三分，纵深七尺九寸。（图1-19）窟内后壁，錾有一佛龛，内供释迦三尊。龛顶刻有莲花拱，莲花拱两端呈凤形，并作莲花柱头以承梁柱。佛陀、菩萨的身段神态，亦与第二窟相差无几。（图1-20）佛龛左右两侧有浮雕，为二罗汉供养之相。（图1-21、图1-22）

窟内左右两壁，亦各有一佛龛，龛中刻三尊佛。佛陀背后，有各供养者之浮雕，其面容无不敬诚温雅。（图1-23）佛龛前面，左右壁上，刻有维摩、文殊。（图1-24、图1-25）在其下方，右壁刻有三尊供养人物像，左壁则刻有两尊。窟顶天花板部分，其匠意与第二窟同，亦是以飞天及莲花浮雕作饰。（图1-26、图1-27）（关野贞 文）

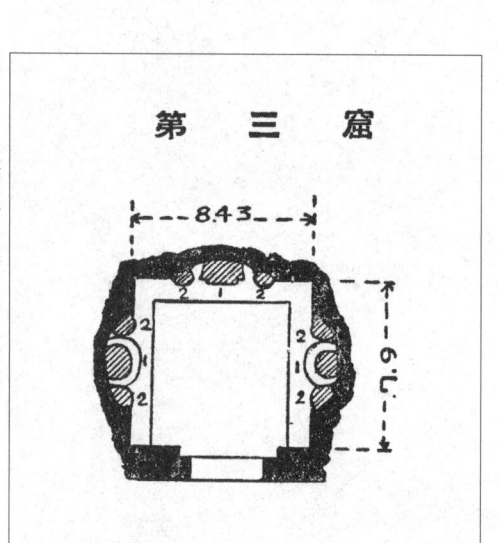

图1-19·天龙山石窟平面图·第三窟

图 1-20 · 天龙山 · 第三窟 · 后壁三尊佛及两罗汉

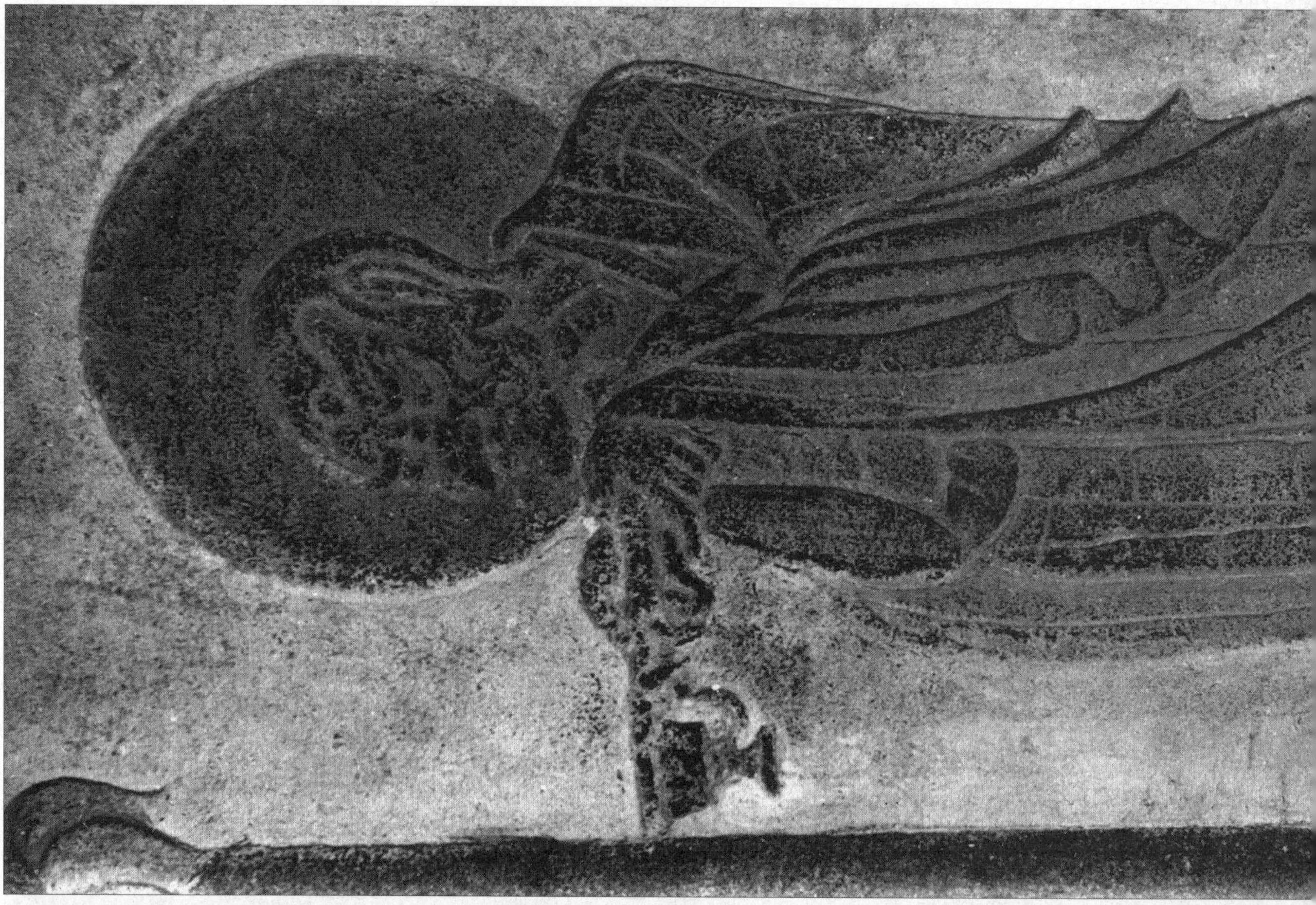

图1-22·天龙山·第三窟·后壁左方罗汉

图1-21·天龙山·第三窟·后壁右方罗汉

图 1-23 · 天龙山 · 第三窟 · 右壁佛龛左方供养人物

图 1-25 · 天龙山 · 第三窟 · 左壁佛龛左壁佛刻

图 1-24 · 天龙山 · 第三窟 · 右壁佛龛右壁佛刻

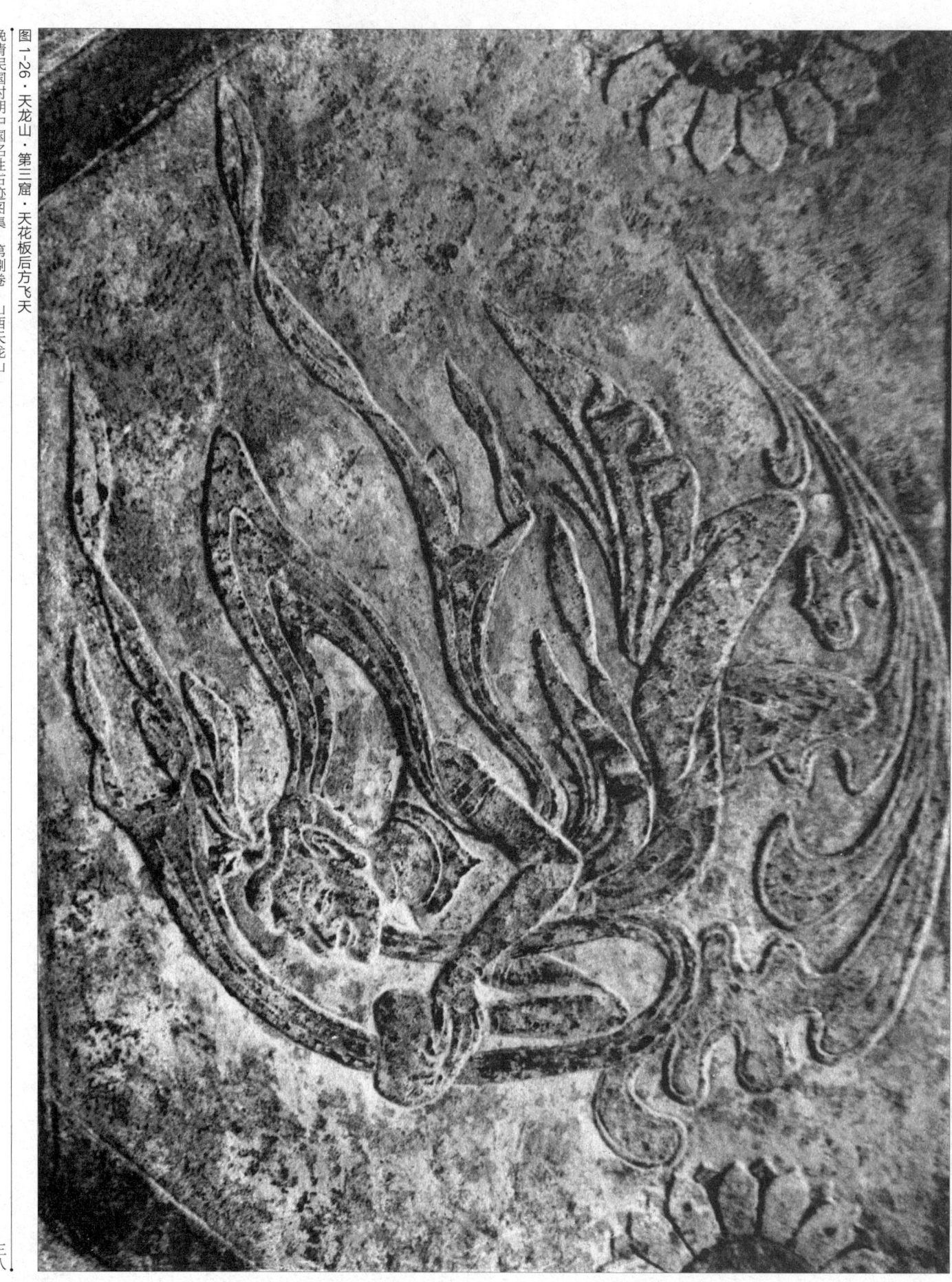

图1-26·天龙山·第三窟·天花板后方飞天

图1-27·天龙山·第三窟·天花板前方飞天

第三窟、第四窟之间外壁佛龛

第三窟与第四窟之间的岩壁下方,并排刻有三小佛龛,各纳三尊佛,各龛供三尊佛。在此三尊佛上方,并列凿有七小佛龛,各龛供一坐佛,应是代表过去七佛之意。在此上、下佛龛群下面,还刻有诸多供养者,以及香炉、狮子等。其形制,亦属北齐时代。(图1-28)(关野贞文)

图1-28・天龙山・第三窟、第四窟之间・外壁佛龛

第四窟

　　第四窟，实为一小石窟。宽六尺七寸三分，纵深四尺五寸（译者注：此处尺寸与平面图尺寸相异，系原著有误，请读者注意）（图1-29），底面距窟顶高约六尺，此窟应为唐初开凿之石窟。在其后壁佛龛内，本尊佛像结跏趺坐于须弥座上，左右两边各分侍一罗汉。左右壁龛乃二菩萨侍像，于莲座上对坐相望。再往前，则是各尊菩萨立像。凡此佛陀、菩萨造像，其姿态造型及工艺手法，俱极尽圆熟之妙。衣纹线条，亦颇流畅。只是佛陀、菩萨，或头已掉落，或鼻梁已缺，实属遗憾，然其风韵犹在，清晰可辨。（图1-30）（关野贞 文）

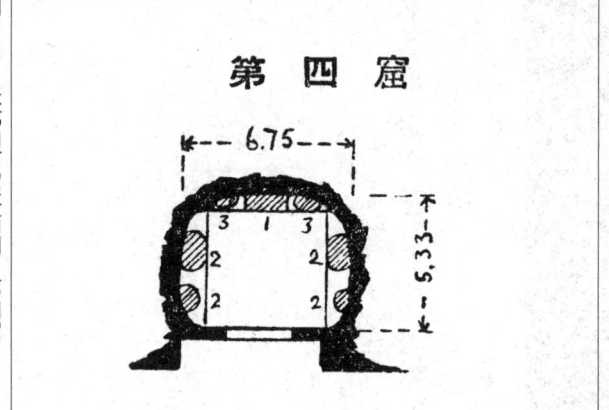

图1-29·天龙山石窟平面图·第四窟

图 1-30・天龙山・第四窟・后壁释迦牟尼三尊像

第五窟

第五窟亦开凿于唐初，为一处宽仅四尺八寸，纵深唯三尺二寸的小石窟。(图1-31) 石窟后壁处的本尊造像，基本保存完整。可两壁的二菩萨侍像，却被毁坏殆尽，形迹无存。右壁处的菩萨坐像，亦有大部分被损坏。（关野贞 文）

图1-31·天龙山石窟平面图·第五窟

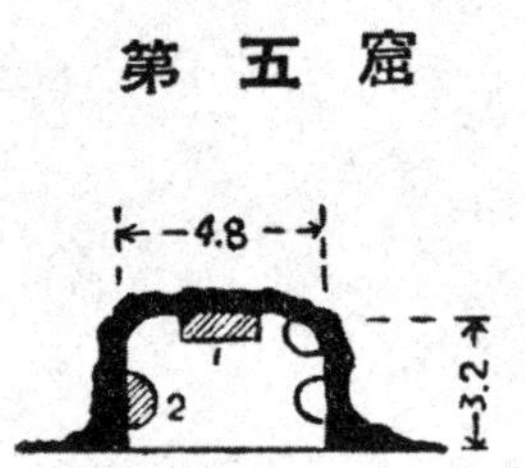

第六窟

第六窟同样是开凿于唐初，宽五尺八寸五分，纵深五尺二寸，高约五尺五寸。(图1-32) 只有窟顶天花板部分呈浅弧状。窟内后壁佛龛内，刻有本尊佛像及左右二罗汉。本尊佛像结跏趺坐于须弥座上，衣裾前垂。于今，位其左右两侧的二罗汉俱遭严重损坏。窟内左侧佛龛内，造有佛陀倚像，此造像保存基本好。但见佛陀法相庄严，正襟端坐，衣薄如蝉翼，其胴体若隐若现，极尽写实之妙，最是中印度芨多艺术风格之体现。在本尊佛像左右两侧各有侍奉菩萨站像。(图1-33) 右侧壁龛内，有佛像结跏趺坐于圆座之上，只是胸部以上已经缺损。在此佛像左右两侧，造有二菩萨像，以求与左壁造像对称和谐。凡此佛陀、菩萨造像，无一例外，俱是初唐杰作。看去整体比例协调、对称性好，制作手法甚是精湛。

在此石窟入口外面，左右两边俱刻有仁王像。仁王刻像于今保存还算完好，此亦属一大杰作，将仁王雄健、遒劲之气势演绎极致。石窟入口上方刻有莲花拱，莲花拱上方再錾格井，外侧还刻三斗拱，此拱显具初唐木造斗拱形制之特征。(图1-34)（关野贞 文）

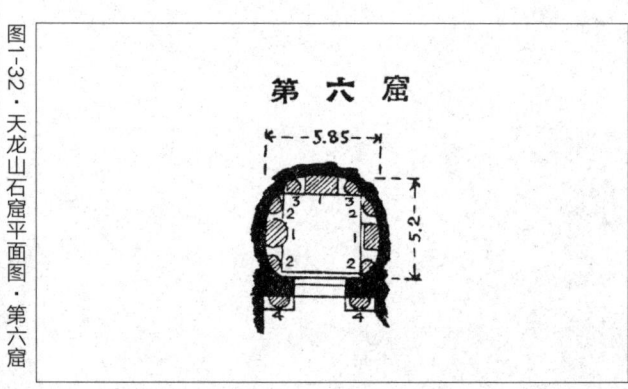

图1-32·天龙山石窟平面图·第六窟

图1-34・天龙山・第六窟・入口

图 1-33 · 天龙山 · 第六窟 · 左壁佛陀（正中）

第七窟

第七窟同属小石窟，宽仅四尺许，纵深三尺五寸，窟顶高四尺。（图1-35）窟内后壁中央，本尊佛像端坐于须弥座上。其左右两侧，有二罗汉侍立在旁。左右两壁，二菩萨侍像均座于莲花座上。本尊佛像与右侧造像，保存还算完整。左侧造像腹部以上皆失。左右二罗汉，头部亦已不知去向。所有佛陀、菩萨、罗汉造像，俱属初唐杰作，姿容颇显优雅。（关野贞 文）

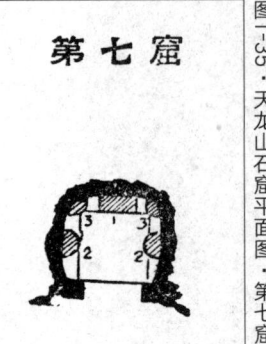

图1-35·天龙山石窟平面图·第七窟

第八窟

第八窟，为天龙山最重要石窟之一。窟宽十四尺七寸，纵深十四尺一寸五分。窟前凿有前廊，廊宽十四尺五寸四分，纵深五尺六寸五分。（图1-36）前廊有双圆柱，上支三斗拱。斗拱与斗拱之间，支一蟆股。柱子下方，筑有基石。只是，于今整体惨遭破坏，面目已非，实难知当初构建如何。前廊左壁，留一碑形，上刻螭首，碑文尚十有七八可辨。（图1-37）（关野贞 文）

碑文中有"有周统壹，无上道消"，还有"□隋抚运，冠冕前□，绍隆正法，弘宣方等"等句。藉此可知，此窟此碑，当造在北周废佛之后、隋代复法之时。碑文末尾记"岁次甲辰季"，显然是隋开皇四年（584）。有关隋代佛教复兴之际的国中礼佛及造塔立像，碑文中有"一尉一侯，处处熏脩，招提之提，往往□□"，当年盛况，由此可知一斑。碑铭后面所列人名中，有灯□主、□□像主、香火主、斋主、清净主、幢主、书铭人、道场主、光明主、开经主，大概可知各人在此石窟开凿中贡献如何。碑文中还见有"仪同三司，真定县开国侯刘瑞"之字样，而在碑铭末尾列名者中，见有被称为"□□像主"的都督刘寿之名，同时还有被称为幢主的都督夏侯进之名，以及被称为开经主的别将侯孝达之名——其人于铭文中所记，则是"邑都斋主□将侯孝达"。另外，铭文中还有"陈廻洛卅卅一人人"，而同样在碑铭末尾列名者中，亦见有"斋主陈廻洛"。人数重复，莫非是最初为卅一人，后又追加卅人（译者注：此处恐系原文有误，应是"最初为卅人，后又追加至卅一人"才对）。（常盘大定 文）

石窟入口左右两侧鎏有柱形，柱肩呈棕状，有金襕卷，其上还有碗形柱头。入口上方，作莲花拱。整个莲花拱一直延及两端柱头，皆刻凤凰图形。入口左右两侧还有仁王像，其高七尺五寸许，造型简朴，却不失雄健、豪放之风。左壁碑文旁亦有小仁王像。右壁有一佛龛，为全窟独一无二，佛龛内纳三尊佛。佛龛上方有一长方形状凹溼，或是当初欲嵌小佛龛亦未可知。入口的双柱下方，当初各刻有石狮子，只是今已大半毁损。（图1-38）

窟内中央，有一方柱六尺四寸二十三分。此柱四面均鎏佛龛，龛内俱刻佛像结跏趺坐于莲座之上，左右则是罗汉侍奉在旁。佛像上部及左右两边，则是珠帘半卷。石窟左右两壁及后壁部分的正中部位各有一佛龛，无一不是雕有莲花拱。莲花拱两端均刻凤凰蹁跹。又有立柱，柱头饰以金襕卷，以承莲花拱。本尊佛像纳于龛内方桌之上，佛像后面有圭形背光。佛龛两旁壁面左右两侧，各鎏有两尊罗汉与两尊菩萨。图1-39所见乃心形柱前面佛龛本尊佛像及二罗汉。图1-40所示为左壁佛龛中位在左侧的罗汉、菩萨侍像。图1-41乃石窟内右壁佛龛。

如今，观窟内佛陀、菩萨及罗汉姿态，均为北齐时佛像的雕刻技法。虽然不无优雅风韵，但主调厚重浑朴。此石窟由于碑铭有记，其开凿年月确凿无疑，乃是隋开皇四年（584）。此石窟不仅是天龙山唯一有铭文记明开凿年月的石窟，而且，也是规模相对较大、造像保存状况最好的石窟。对其他石窟开凿年月之判断，此石窟可谓是弥足珍贵的样品。（关野贞 文）

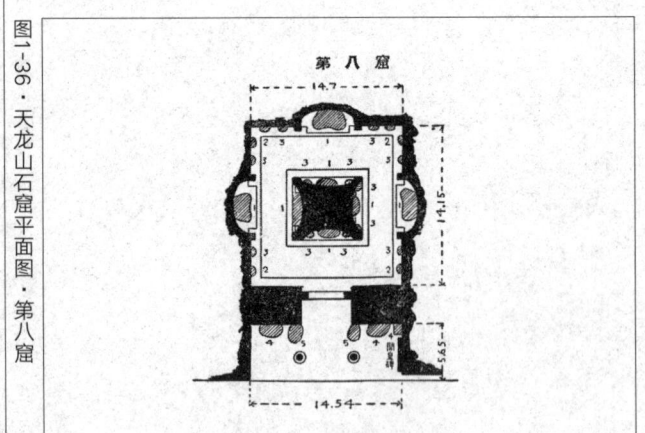

图1-36·天龙山石窟平面图·第八窟

图 1-37 · 天龙山 · 第八窟 · 入口处左壁隋碑

图1-36·天龙山·第八窟·双口口丫柱下方

图1-39·天龙山·第八窟·中心柱前方本尊佛陀

图 1-40・天龙山・第八窟・左壁龛左侧侍佛

图 1-41 · 天龙山 · 第八窟 · 右壁佛龛

第九窟

第九窟在天龙山右峰左侧，可谓是整个天龙山石窟中枢。(图1-42)凿开断崖，造巨佛，并于崖前起造三层窟檐，即此石窟是也。《县志》载曰：

明正德初，僧道永，建高阁，以庇石佛。

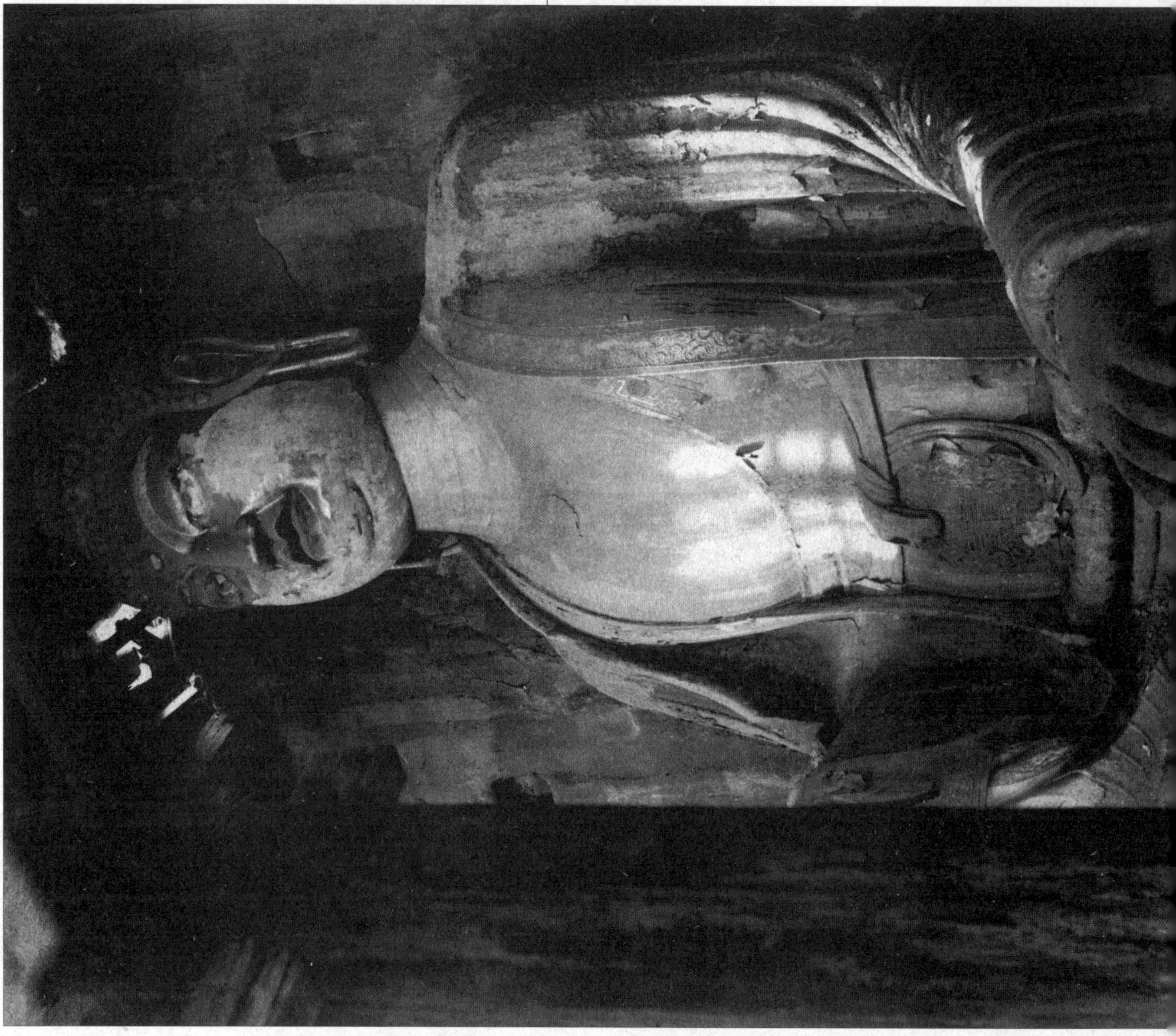

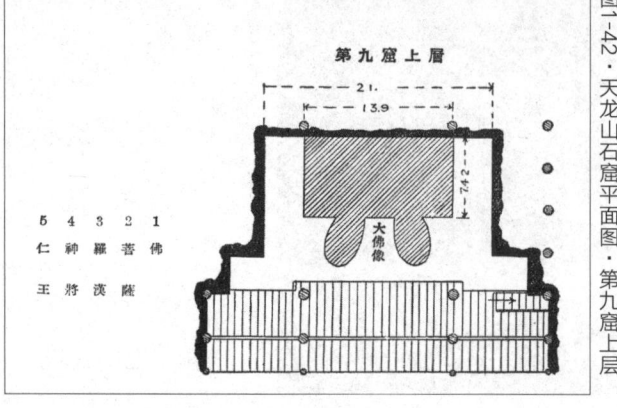

图1-42·天龙山石窟平面图·第九窟上层

或许当时的僧人道永，只是遵旧时模样，让此第九窟改换新容罢了。

但见一大佛像，自窟檐第二层拔地而起，穿通窟檐第三层，踞于须弥座上。此佛陀双足下垂，其足下俱有莲花座，右手伸至胸前，开掌，中指微屈，左手放在膝上。大佛像高约二十四尺，脚下莲座高一尺许，姿态端庄，各部比例协调。应该说，大佛像还是大体保留了当年建造之形态，只是面容已被后世修补改动，多少有些走样。其胸前与腹部衣纹亦然，腹部以下及双足所踞之莲座原形大致未变。（图1-43）大佛像所踞之方座，分为上下两层，呈上高下低状。上层环缘部分，刻有天人歌舞画面；下层更显纤巧的环缘部分，则见有兽面雕刻。（图1-44、图1-45）概言之，此大佛像气势磅礴，且形态庄重，但由于诸多细节已经后世修补，故究竟此像出自北齐时期，抑或于隋代所造，实难断也。但绝不可能出在唐代以后。

最底层窟檐位在大佛像脚下。内有一尊十一面观音立像，纳于莲座之上，高十六尺许。在观音立像左右两边，有文殊、普贤二像，二人骑在狮、象背上。观音立像明显高于左右的文殊、普贤二像。在本尊菩萨背后的壁面上，有化佛无数。化佛所坐莲座，其枝干相互交缠。此三尊菩萨像，观其外形，毋宁说是隋代所造，但多经后世修补。如同普贤座下之象，一应造像极尽写实之妙。普贤造像下方，有一空洞。当初，此洞或一井泉亦未可知，是以石窟入口处壁上镌有"天龙洞上"。立于入口左右两侧柱子，上有三斗拱，斗拱之间有蟆股，雕以忍冬纹饰。（图1-46、图1-47、图1-48）

（关野贞 文）

图1-43·天龙山·第九窟上层·释迦如来大像

图1-44·天龙山·第九窟·大佛宝座

图 1-45 · 天龙山 · 第九窟 · 宝座装饰 · 狮面

图 1-46 · 天龙山 · 第九窟下层 · 三大菩萨 (中十一面观音,左文殊,右普贤)

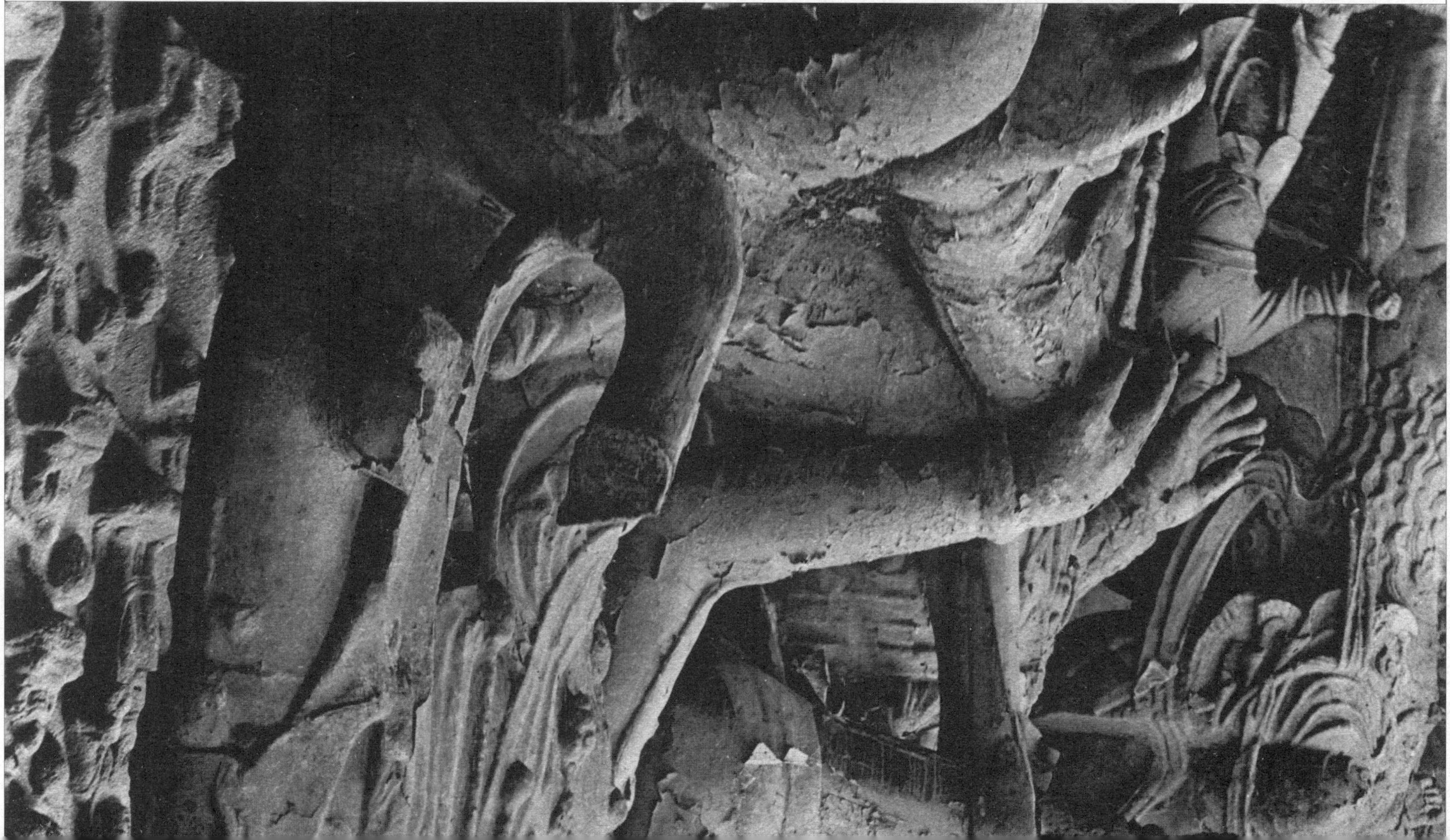

图 1-47 · 天龙山 · 第九窟下层 · 三大菩萨(中间)之普贤菩萨

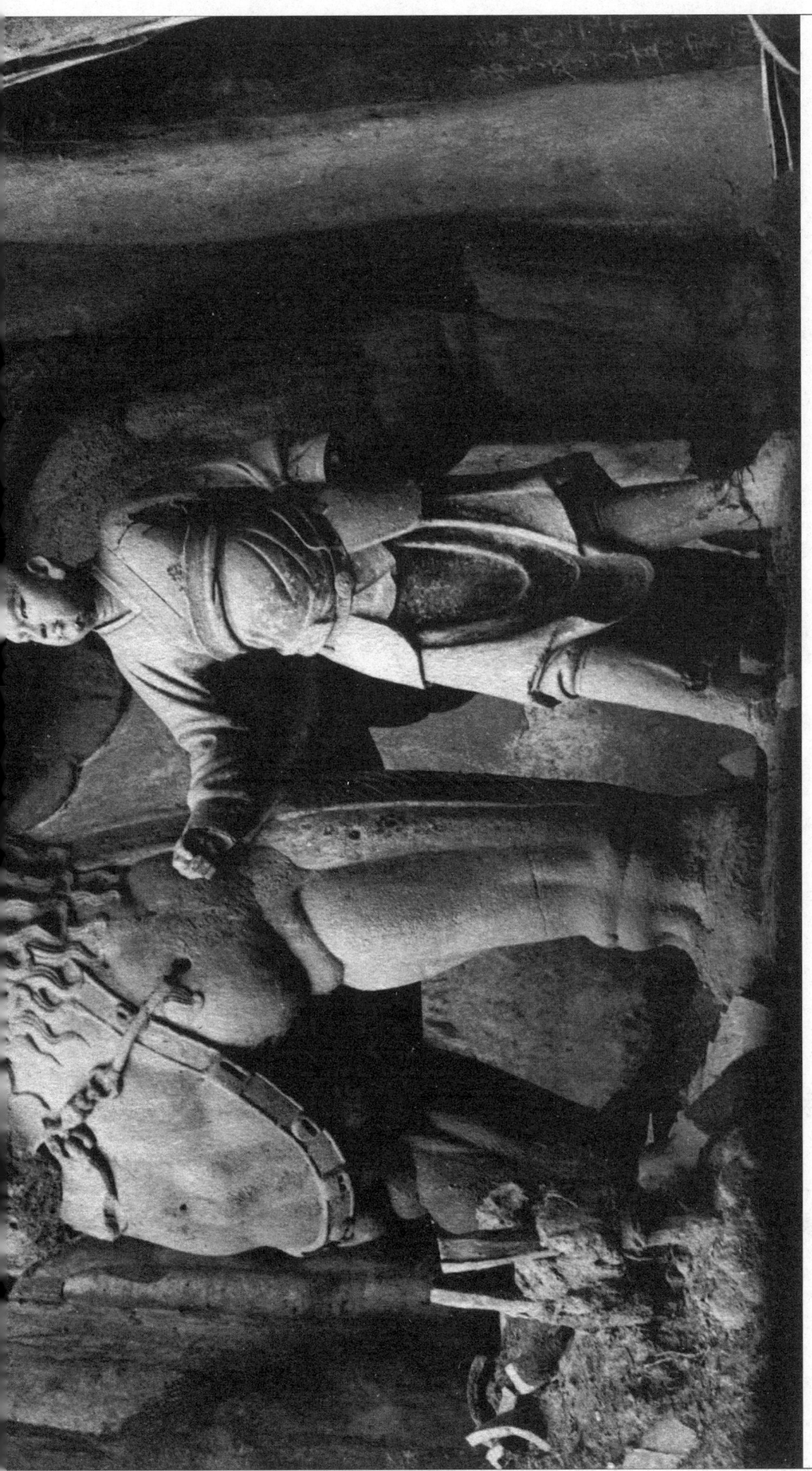

图 1-48·天龙山·第九窟下层·三大菩萨(中间)之文殊菩萨

第十窟

第十窟与第九窟右面毗接，但位置稍比第九窟靠前。此窟宽十尺二寸七分，纵深十一尺四寸五分，高七尺许。(图1-49)虽然建有前廊，但已大半毁坏。当初，或与第八窟前廊同，亦是立二柱以支轩，如今右柱已失。左柱呈八角形，底座基盘刻有莲花。上端柱头亦有一种装饰，被楔于此处的大斗、肘木，今已毁损严重。入口两边有仁王像，系本石窟保存最好之文物，气宇轩昂，衣纹线条遒劲，尽显北齐造型艺术风格。

石窟内室后壁，有一佛龛，同纳左右二佛。左右两壁亦各有一佛龛。左壁龛内佛像，双足交叉垂地。右壁龛内佛像，端然趺坐。左右两壁龛中佛像，俱有二罗汉、二菩萨侍立两旁。三处佛龛无一例外，俱是佛龛上部刻莲花拱，莲花拱两端刻凤凰。另者，入口左右两侧，还有二神将造像。窟顶中央刻有莲花图案。(图1-50、图1-51)

此石窟，总体而言，剥蚀甚多，窟内后壁佛龛部分，全系后世修补。右侧壁龛后部，原先此处刻有佛像，如今已是踪迹全无。保存较完好者，当属二神将，以及左右壁龛后部的罗汉像、菩萨像。凡此造像，手法最是简朴、遒劲。今观此窟所造佛陀、罗汉、菩萨等像，其式样与第二窟、第三窟相比，多少有异样之感。毋宁说，整体风格更近第八窟，推定为出自隋代之作似更合适。(关野贞 文)

图1-52为右壁神将像；图1-53为右壁中间本尊佛像及菩萨侍像被破坏后的现状。

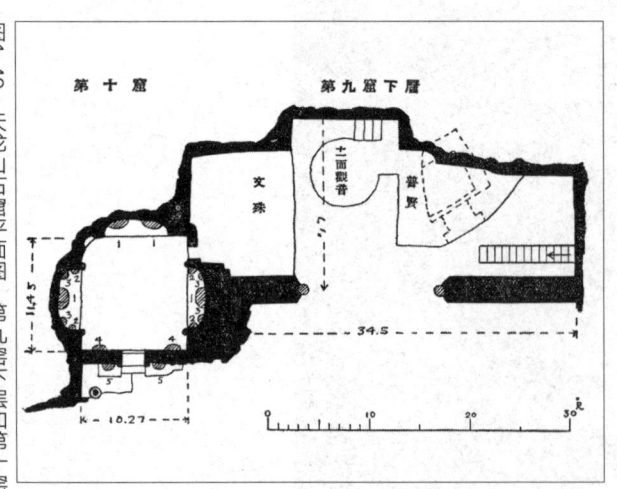

图1-49 · 天龙山石窟平面图 · 第九窟下层和第十窟

图 1-50 · 天龙山 · 第十窟 · 左壁五尊佛陀及神将

图1-51・天龙山・第十窟・右壁五尊佛陀中的三尊及神将

图1-52·天龙山石窟·被破坏后之现状(1925年拍摄)第十窟右壁神将

图 1-53・天龙山石窟・被破坏后之现状 (1925年拍摄) 第十窟右壁五尊佛陀中的一部分

第十一窟

　　第十一窟系一小洞窟，开凿于第十窟向前往左突出的断崖之上。作者当初实地考察时，仅是由下往上望去，未能攀登至断崖处进洞观看。后来，前来考察的田中俊逸氏，备有梯子等物，遂得于入洞考察。据田中俊逸氏报告，此窟内室宽二尺三寸，纵深二尺八寸，高二尺八寸。窟内左右两壁及后壁錾有佛龛，后壁佛龛刻有降魔释迦及二罗汉，左右壁龛刻有二佛一菩萨。此窟规模虽小，但却是初唐杰作，其工艺精湛无比。图1-54为右侧壁龛的本尊，即转法轮的释迦佛，以及侍立在右的菩萨。佛龛上皆作莲花拱，窟顶天花板中部，刻有莲花，以及绕其周围的花卉、祥云图案。（关野贞 文）

图 1-54 · 天龙山 · 第十一窟 · 右侧壁龛本尊佛像

第十二窟

第十二窟亦在断崖处，要进此窟，甚是不易。其入口左右两侧均造有单层舍利塔，塔顶不见有球形塔檐，但有宝珠冠盖其上。两座舍利塔，俱于正面开凿一壁龛，内刻三尊佛像，龛上见有莲花拱。作者当年实地考察，将此窟遗漏，后田中俊逸氏一行亲入其内，完成考察。据田中俊逸氏所言，窟内宽四尺七寸，纵深四尺，窟内地面距窟顶天花板五尺六寸。左、右、后三处壁面俱錾佛龛，龛内各刻三尊佛。洞中佛陀、菩萨像悉数首臂俱失，且剥落毁损严重。据称，此窟刻像皆为初唐杰作。(图1-55)(关野贞 文)

图 1-55・天龙山・第十二窟及宝塔

第十三窟

第十三窟系一小洞窟，开凿于向前往左稍凸数尺的断崖之上。其宽三尺，纵深七八寸（译者注：此处恐系原作舛误，应是"纵深七尺八寸"才对），高5尺。削平崖面，并在后壁鏨一小佛龛，内供三尊佛。其乃唐代作品。此窟虽小，但一应雕刻，俱属上乘佳作。（关野贞 文）

第十四窟

第十四窟，开凿于前部明显往左后缩的崖壁之处，其宽九尺七寸，纵深七尺九寸五分，窟内地面距窟顶天花板约九尺。（图1-56）后壁处，本尊佛像踞于方座之上，双足下垂，左右有侍奉菩萨立像。左右两壁鏨有莲座，莲座上有菩萨半跏像。菩萨半跏像前方，又有各侍奉菩萨立像。窟顶呈浅穹状，中心处刻有莲花，手法甚是简约。四壁与天花板连接部分，涂以胡粉，上描幔幕、云彩状图案，然笔法可谓拙劣，此乃先前旧画剥落之后，后人加以修补所致。

此石窟内的佛陀、菩萨像，俱是当时的杰作，悉数宝相庄严，极尽和谐之美。其衣纹线条，优雅且遒劲有力，衣薄如蝉翼，透其衣衾，四肢胴体似隐约可见。造像工艺精巧如斯，实世所罕见，多是得益于中印度芨多佛雕艺术的影响。图1-57所见为右壁中央的菩萨像，菩萨坐于莲座之上，双足垂地，面容丰润，身姿、衣纹极尽写实之妙，堪称绝世佳作。图1-58、图1-59所示为刻于左右壁面的菩萨立像，天衣尽显其阿娜多姿，衣纹线条写意流畅，表现技巧与手法发挥极致，可谓出神入化。（关野贞 文）

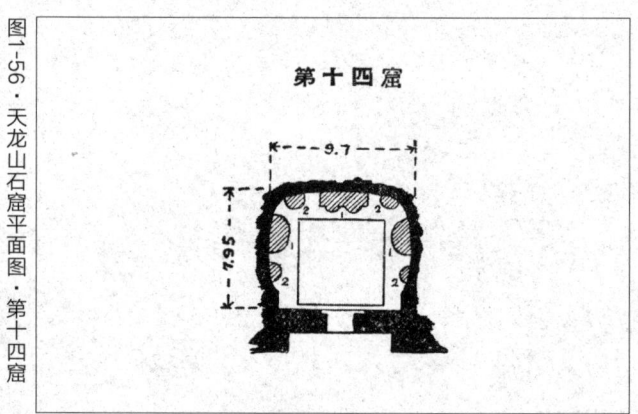

图1-56·天龙山石窟平面图·第十四窟

图 1-57・天龙山・第十四窟・右壁中央菩萨

图1-58・天龙山・第十四窟・右壁菩萨立像

图 1-59 · 天龙山 · 第十四窟 · 左壁菩萨立像

第十五窟

第十五窟为一小洞窟，宽八尺，纵深七尺。当初，三面壁各錾有一佛龛，龛内刻有三尊佛。于今，唯右壁佛龛的左侧侍奉菩萨像头部以下尚存，余者尽剥落损坏。洞窟左边入口处有仁王像，此亦惨遭破坏。仁王像朝右方向，壁面有一凹处，内嵌碑石。碑石上方，錾一圆首状小佛龛，龛内刻有一佛。此佛龛遭受破坏尤甚。观其工艺手法，大致可断定为与第十四窟开凿于同一时代。（关野贞 文）

第十六窟

第十六窟位于高约二十尺的断崖之上。当初作者前往考察时，因无山径可登，无奈之下，只好对其放弃考察。嗣后，田中俊逸氏一行，事先准备充分，并置危险于不顾，大胆探险，窟内诸佛造像遂为世人所识。

窟前有一前廊，两边各支一根八角柱。八角柱上楔以大斗，以承梁木。其上又各有三斗拱。梁中央处亦同样嵌有三斗拱。三斗之间，如日本法隆寺的大殿高栏所见，纳一蟆股以支。添、圆二桁，更朝前突，以承轩檐。

石窟入口处，有一莲花拱冠于其上。莲花拱两端所承支柱柱头，刻以凤凰呈祥，此与第二窟、第三窟佛龛造型手法相似。在其左右两侧有二神将，看上去雕技简约。前廊右壁凿有碑形，但剥蚀严重，已不能辨读，故无法获知此石窟开凿之年代，甚是可惜。石窟内外的佛陀、菩萨、神将，观其形制与匠意，感觉与开凿于隋代的第八窟颇为相近。是故，姑且将此石窟判为隋代开凿。（图1-60）

据田中俊逸氏称，石窟内室宽十尺，深十尺，窟顶天花板中央距离地面十一尺，天花板靠周围壁面边缘处距离地面则是九尺五寸。窟内左右两壁及后壁錾有佛龛，各处佛龛内俱雕有本尊佛像及二罗汉，并两旁侍奉菩萨像。另者，除后壁佛龛外，左右壁各有一尊菩萨立像，合掌呈捧莲花状。（图1-61）

凡此壁面佛龛，其上端俱冠有莲花拱，莲花拱下方两端则刻以龙首，有八角柱撑其左右，柱头俱雕莲花。后壁龛内本尊佛像及左壁龛内本尊佛像，均踞于方座之上。右壁龛内本尊佛像则踞于莲花座上。此三尊佛像，俱法相庄严，魁梧雄伟，衣纹线条，虽然看似轻雕浅刻，却不失雄健、遒劲之风。罗汉、菩萨造像，亦颇显浑朴质实之趣。（图1-62）

窟顶天花板中央，有八叶莲花的浮雕。八叶莲花浮雕的四周，则刻有三飞天。此处浮雕，技法简约，与第二窟、第三窟的雕刻风格大相径庭。窟顶天花板部分及佛龛内外，彩绘图案随处可见，或许此乃石窟开凿当初就已如此，而非后世补彩亦未可知。（图1-63）

此窟开凿在高峭的断崖之上，要攀登至此极为困难，故使其长久未遭人为破坏，雕像、彩绘等保存亦相对完好。遗憾的是，日本大正十三年（1924）时，惨遭无知者严重破坏。所有雕像，无一例外，头部全被盗。图1-64为右壁佛龛正中本尊佛像的现状。其他雕刻状况如何，推此及彼，亦不难察知。唯有北壁佛龛正中本尊佛像的头部，在日本大正十四年（1925）夏天，逃过一劫，未遭破坏。在天龙山石窟佛像中，躯体完整，未受毁损者，恐怕就只此一尊佛雕。由此亦可知，天龙山石刻遭受破坏程度何其严重。（关野贞 文）

图 1-60・天龙山・第十六窟・外观

图1-61·天龙山·第十六窟·后壁释迦佛七尊

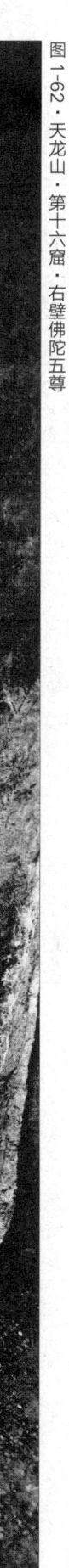

图 1-62 · 天龙山 · 第十六窟 · 右壁佛陀五尊

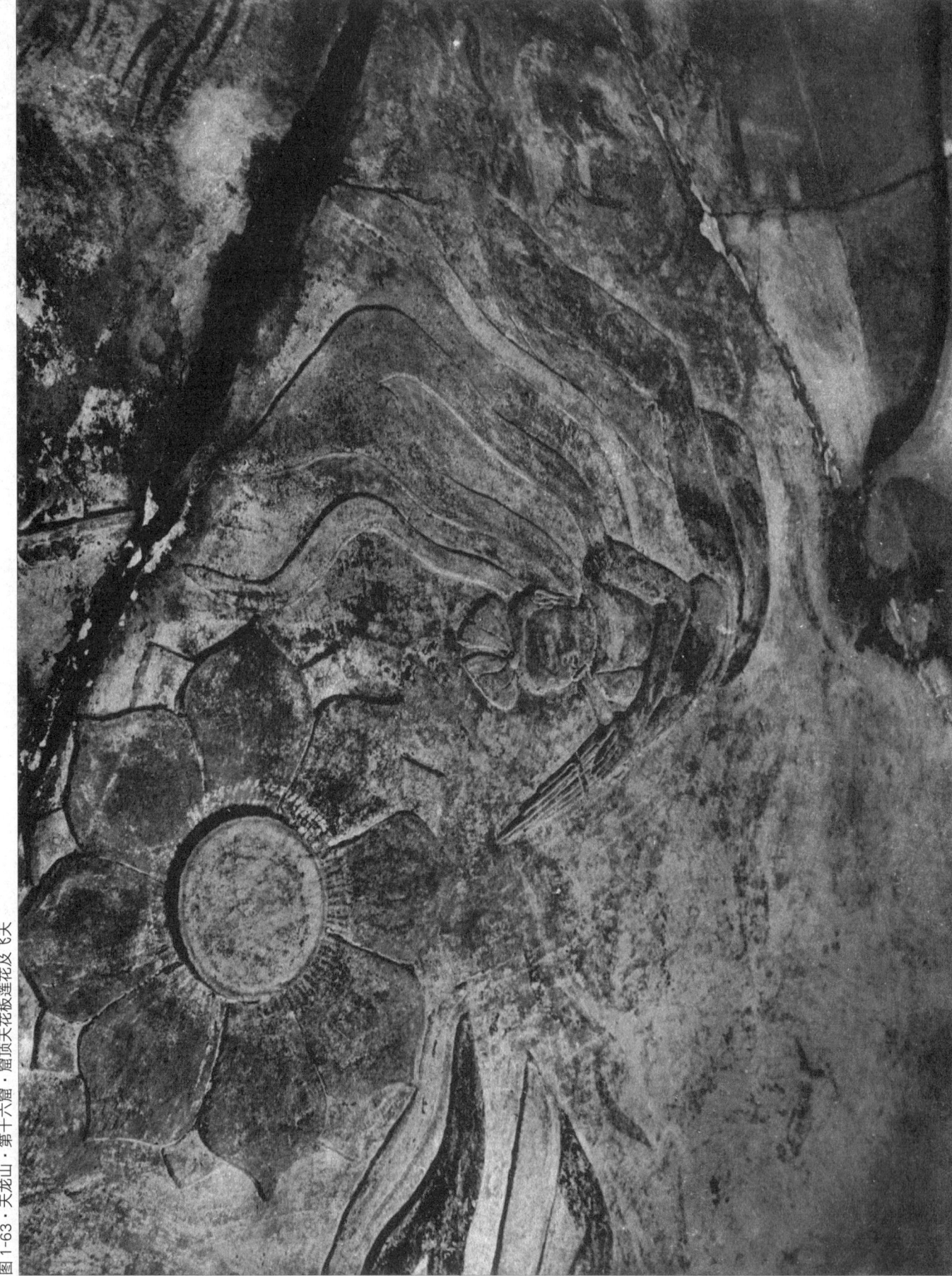

图1-63·天龙山·第十六窟·窟顶天花板莲花及飞天

图 1-64·天龙山石窟·被破坏后之现状(1925年拍摄)第十六窟右壁正中本尊佛陀

第十七窟

　　第十七窟与第十六窟相邻接，乃是继其后而开凿之石窟。(图1-65) 此窟亦是开凿在悬崖绝壁，难以亲入考察。石窟前有一前廊，在入口的左右两旁，有仁王像，雄健英武。入口上方有莲花拱，莲花拱两端见有厥手。据田中俊逸氏称，石窟内部宽八尺，纵深亦八尺，地面距窟顶天花板处最中间八尺；距周边与四壁相接处，则高五尺八寸。三面壁俱錾佛龛。后壁佛龛内，本尊佛像结跏趺坐于方座之上，踞于本尊佛像左右两侧者，乃是菩萨半跏坐像。左右两壁佛龛，各有本尊坐像及菩萨立像与菩萨半跏坐像。左壁龛内，本尊佛像坐在方座之上，双足垂地，没入诸多小莲花之中。(图1-66) 右壁佛龛内的本尊佛像则结跏趺坐于莲花座之上。所有佛陀、菩萨刻像无不法相庄严，造型比例恰好，衣纹褶襞，典雅流畅中却又透出几分遒劲刚健，此乃初唐杰作。(图1-67) 只缘亦是位处高崖之上，故此前保存状态尤佳，可惜近年来，所有佛陀、菩萨刻像头部俱遭损坏。

　　窟顶天花板中心部位描有莲花，莲花周围则环以花卉图案。四壁上部均雕作璎珞状，虽然昔日形迹犹是依稀可见，但多经后世补彩，致是笔致纤弱在所难免。

　　前廊左壁，有一刻有螭首的碑形，只是剥落毁损严重，已无一字可辨。只见碑身穿有一孔，通往与之比邻的第十六窟。

图 1-65 · 天龙山 · 第十六窟及第十七窟 · 外观

图一-66·天龙山·第十七窟·左壁佛陀五尊

图 1-67 · 天龙山 · 第十七窟 · 右壁侍奉菩萨及后壁右侧侍奉菩萨

第十八窟

　　第十八窟，连同后面三窟，俱为田中俊逸氏等人所发现。据田中俊逸氏称，第十八窟的窟前部分已经坍塌，窟内宽七尺，纵深六尺六寸，三面壁均鑿佛龛。后壁与左壁佛龛，均为龛内正中刻有一本尊佛像，本尊佛像左右两侧则各刻两尊菩萨像，即每一佛龛计有五尊刻像。右壁佛龛，则是正中一本尊佛像，左右两尊菩萨像，即龛内共三尊刻像。只是位于右侧的菩萨侍像，却因南壁崩塌而消失。窟顶天花板中心部分描画莲花，莲花外沿为一对翩跹起舞的凤凰。洞壁上部各隅角处，均见有栋梁与三斗拱，以承穹顶。图1-68所示为左壁佛龛内正中本尊佛像及左、右二菩萨像。图1-69为第十八窟外观。此窟佛菩萨刻像，面容丰润，姿态优美，衣纹华丽，线条流畅，身体肌肤外露甚多，实乃初唐杰作。图1-70为左壁佛龛正中本尊佛像。图1-71、图1-72为其左、右菩萨侍像之现状。通过比照，此处佛像近年遭受破坏之惨状一目了然。（关野贞 文）

图 1-69 · 天龙山 · 第十八窟 · 外观

图1-68·天龙山·第十八窟·左壁五尊佛陀中的三尊

图 1-70 · 天龙山石窟 · 被破坏后之现状(1925年拍摄)第十八窟左壁正中本尊佛陀

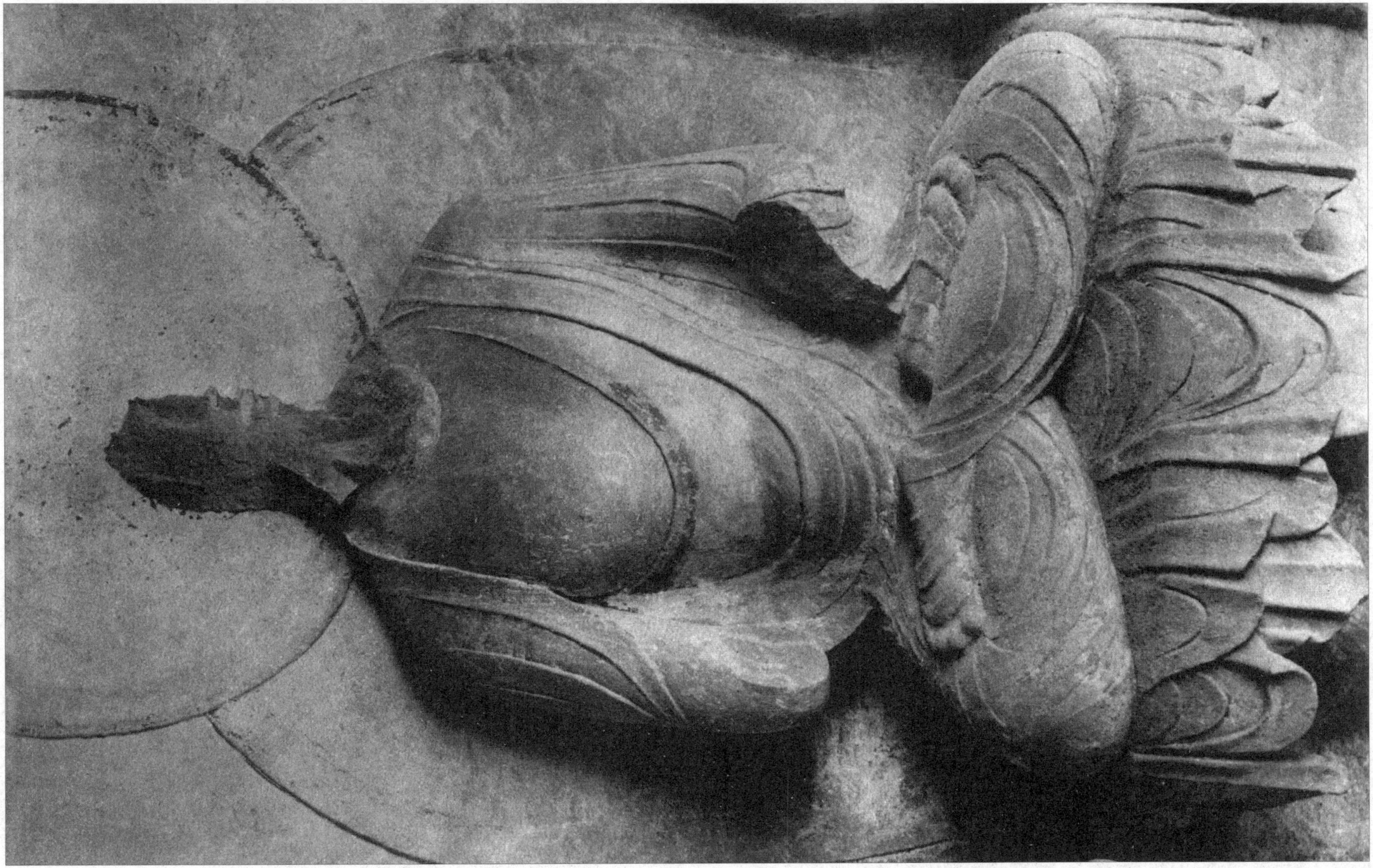

图 1-71·天龙山石窟·被破坏后之现状（1925年拍摄）第十八窟左壁右侧侍奉菩萨

晚清民国时期中国名胜古迹图集·第捌卷·山西天龙山

图1-72·天龙山石窟·被破坏后之现状(1925年拍摄)第十八窟左壁左侧侍奉菩萨

第十九窟与第二十窟

第十九窟系一小洞窟，宽仅四尺，纵深为三尺七寸。此窟窟前上部已经崩塌，窟内佛陀、菩萨像亦多有剥落，已无观瞻价值。第二十窟虽属大窟，径长十尺许，但窟内积满土砂，沙土距窟顶天花板仅二尺。窟内佛陀、菩萨像俱没土砂之中，唯头部勉强可见。

（关野贞 文）

第二十一窟

此窟宽八尺，纵深十一尺，窟顶天花板距地七尺三寸。当初窟内纵深实为八尺许，后来岩壁风化，以致罅裂崩塌，窟前部分探出三尺许，是以今日测来，石窟纵深可达十一尺许。窟内后壁刻有三尊佛，三尊佛右侧部分均已崩塌。

本尊佛像结跏趺坐于莲花座上，背后有佛光，法相庄严，乌瑟高耸，发丝盘旋，身躯伟岸，衣纹线条遒劲有力，长衣垂落，蔽及脚部，唯左足似露未露，欲露还遮，极尽写实之妙。衣衾悬垂于莲瓣之上，故呈起伏逶迤状，此亦雕刻技法精炼及洗练之极致。本尊佛像左边的菩萨侍像亦是踞于莲座之上。菩萨面相端庄，姿态优雅，与本尊佛像一样，技法精巧。二者均为初唐杰作，妙趣如斯，无以类比。(图1-73)

左右二壁因岩壁罅裂崩塌，此处佛陀与菩萨的造像大半毁损，几无形迹留至今日。唯于右壁一边佛头部分尚保存完好。右侧壁面，菩萨侍像旁边有岩壁裂缝，裂缝左侧，镌刻有文字(图1-74)，记曰：

□中镌石功德前摄忻州司马

内造石像罗汉一十六

时大晋天福六年四月

山

由是可知，五代时在此造显十六罗汉像，但于今已难辨知十六罗汉像之所在。

图1-74·天龙山·第二十一窟·壁刻铭文

图 1-73 · 天龙山 · 第二十一窟 · 后壁释迦牟尼及左侧侍奉菩萨像

大汉千佛楼碑

虽说此碑（图1-75）螭首乃承袭唐制，可惜唯是流于形式而已，技法与唐代相去甚远，明显羸弱非常。但大汉千佛楼碑之形制，却足以窥见中国艺术史发展之轨迹。

大汉千佛楼碑建于北汉广运二年（975），尚书左仆射兼中书郎平章事李恽撰文，翰林王廷誉为大汉千佛楼碑篆额。此碑位于天龙寺以东一里许，可惜碑文多已剥蚀磨损，字殊难辨，所幸碑文被录于《山右石刻丛编》卷九。《山右石刻丛编》还引《十国春秋》，对李恽不乏褒美之辞，称李恽其人乾祐初年（948）进士及第，历事睿宗父子二朝，文词骈俪，为同辈所推崇；英武帝时，天龙寺千佛楼成，上诏李恽撰碑铭，并令翰林刘守清、王廷誉勒石镌文，一时国中官民叹为观止，云云。换言之，此大汉千佛楼碑，于当时大汉朝盛名天下。北汉王朝，历刘旻（初名崇）、刘承均（译者注：此处系作者笔误，应是"刘承钧"而非"刘承均"，其实，作者在下文已改成"刘承钧"）、刘继恩、刘继元四帝，建都山西太原，国朝自后周广顺元年（951）始至北宋太平兴国四年（979），享祚二十八年。碑文中的"壬申年"，即是北宋开宝五年，亦相当于北汉天会十六年。

不过，对北汉建国年代，以及北汉四帝即位时间，历来众说不一。据《十国春秋》及大汉千佛楼碑文记载，睿宗即为刘承钧，英武帝则是刘继元。碑文载称，帝宅之西，五里而远，群山邃谷，有天龙寺；其东方岭上，倚石壁处，有弥勒阁，阁内依旨而设石像。碑文又述，石碑镌磨之巧，无与伦比；为此楼碑，睿宗皇帝再敕添饰；及至英武皇帝，于东序敬塑观音

像,并以壬申年(972)在大殿后正面造重楼五间,遣良冶匠工,铸拘留孙如来以降的贤劫铁像千尊,云云。

以《续通鉴长编》记述为凭,《山右石刻丛编》的编者认为所谓"睿宗皇帝,再将添饰",添饰者实为孝和帝刘承钧。碑文中"检校司徒归义都督、加检校太保、授右金吾大将军、充大内都点检、及皇帝践祚加太师行太原尹、寻领侍卫亲军",所列官称俱为刘继元所领职衔。"值仓促之变,震骇非常",说的乃是刘继元胞兄刘继恩为供奉官侯霸荣所弑一事。凡此,可谓是对今人尚属模糊的北汉史提供确切翔实的史料。大汉千佛楼碑称天龙山位处"帝宅之西,五里而远",若将此对照现今天龙山所处位置,即位于太原市西南三十里,则不能不惊叹真是古今不同——"里"的长度概念差距何其大也。所谓"睿宗皇帝,再将添饰",敕造倚石壁处弥勒阁内石像云云,或许就是第九窟内的大佛像。果然如此,此大佛像就非释迦牟尼佛,而应该是弥勒佛。又,所谓"造重楼五间"以铸贤劫铁像千尊,此事未详孰是,于今已难稽考。别说千尊铁像,就是重楼,今亦不见其所在,莫不会是千佛楼碑所立之处附近有一水池,重楼即建在池畔,而千尊铁佛像即收藏于此楼中。天龙山石窟中第十二窟、第二十一窟,此二石窟俱有大晋天福六年(941)的题刻。大晋天福六年比北汉王朝睿宗皇帝添饰造石像还要早十几年,因此,不妨将此二石窟视作太原地区开石窟造佛像风气之先声,并溯流探源。

图1-75·天龙山·大汉千佛楼碑

太原 TAIYUAN CITY OF SHANXI PROVINCE

平定 PINGDING COUNTY OF SHANXI PROVINCE

应州 YINGXIAN COUNTY OF SHANXI PROVINCE

榆次 YUCI DISTRICT, JINZHONG CITY OF SHANXI PROVINCE

大同 DATONG CITY OF SHANXI PROVINCE

交城 JIAOCHENG CITY OF SHANXI PROVINCE

赵城 ZHAOCHENG CITY OF SHANXI PROVINCE

永济 YONGJI CITY OF SHANXI PROVINCE

平遥 PINGYAO COUNTY OF SHANXI PROVINCE

TIANLONG MOUNTAIN OF SHANXI PROVINCE

TAIYUAN CITY OF SHANXI PROVINCE
PINGDING COUNTY OF SHANXI PROVINCE
YINGXIAN COUNTY OF SHANXI PROVINCE
YUCI DISTRICT, JINZHONG CITY OF SHANXI PROVINCE
DATONG CITY OF SHANXI PROVINCE
JIAOCHENG CITY OF SHANXI PROVINCE
ZHAOCHENG CITY OF SHANXI PROVINCE
YONGJI CITY OF SHANXI PROVINCE
PINGYAO COUNTY OF SHANXI PROVINCE

ZHAOXIAN COUNTY OF HEBEI PROVINCE
ZHENGDING COUNTY OF HEBEI PROVINCE

QUYANG COUNTY OF HEBEI PROVINCE
LINGSHOU COUNTY OF HEBEI PROVINCE
YUANSHI COUNTY OF HEBEI PROVINCE
SHUNDE COUNTY OF HEBEI PROVINCE
XINGTANG COUNTY OF HEBEI PROVINCE
DINGZHOU CITY OF HEBEI PROVINCE
BAODING CITY OF HEBEI PROVINCE
TONGZHOU COUNTY OF HEBEI PROVINCE

山西天龙山　　　　　　　　□
山西太原　山西平定　山西应州 ■
山西榆次　山西大同　山西交城
山西赵城　山西永济　山西平遥
河北赵州　河北正定　　　　□
河北曲阳　河北灵寿　河北元氏 □
河北顺德　河北行唐　河北定州
河北保定　河北通州

山西太原

永祚寺

永祚寺地处太原府东南门外。永祚寺双塔乃明朝万历年间释福登奉敕建造。当时,慈圣太后佐以金钱建造两浮图,名曰"宣文",当地乡民称为"双塔寺"。

大雄宝殿内有铁钲,制于大明万历辛亥(1611)年,其铭如下:

新建

宣文塔永祚寺

总督塔工京都

大仆寺小卿王

经理塔工

沙门福登妙峰

写入塔经僧

真澄

据此可知此塔建造的准确年代,以及营造监督者与建造者为何人。万历辛亥,即明万历三十九年(1611)。有关明万历三十九年,《山西通志》卷168载,京山李维桢登天龙山得舍利,藏之塔内。《山西通志》又记,万历壬子年(明万历四十年,1612)重九,巡按苏维霖等登塔观舍利,维霖并撰碑,此塔后于清顺治十五年(1658)又重修,云云。

双塔共八角十三层,以砖砌造。各层壁面,垂柱与垂柱之间有砖砌栏额相连。垂柱上方,砖镂的角替、枋头、华板等,均为青砖仿木结构砍磨而成。上承檐仿、椽飞组成塔檐,镂工精细。自二层以上,随着塔身拔高,塔层上升,每层高度逐渐降低,斗拱尺寸也随之变小。其缩减程度变小,故显出高耸的外观。

最高层有弧线的外轮廓,其顶盖有宝珠。(图2-1、图2-2)

大雄宝殿为二层砖结构建筑。殿内,壁面柱状造形凸出,正面五间,斗拱前进后出,以承双轩。大殿上层亦是自壁面凸出柱形,并以之将正面隔为三间。上层亦与下层同,均为以拱承轩,斗拱雕工精致。歇山屋檐,瓦葺其上,侧面配饰,亦是砖砌山墙,并

图 2-1·永祚寺·双塔

见雕有悬鱼于壁面。殿内底层，分有内殿及左右厢廊，上造筒形穹庐，以为天顶。与底层同，上层部分亦有内殿及左右厢廊之分。内殿天花板，各隅角均出拱承梁，以作八角平面。其上再加双抄斗拱，以成三层，转八角而圆形，渐次推进，最终抵天花板顶。其构造之奇巧，实是令人赞叹。左右厢廊的天花格井，亦是俱为筒形穹庐状。此大殿全系砖砌而成，不见一根木料，构筑极为匠心独具，纤巧诡丽，令人叹为观止。环绕大殿前庭的庑廊及前门，亦是尽以砖砌成。永祚寺建筑的详情，请见图 2-3、图 2-4、图 2-5，均系关野贞于大正七年（1918）六月拍照。（关野贞 文）

图 2-2 · 永祚寺 · 南塔细节

图 2-3 · 永祚寺 · 大雄宝殿及东廊

图 2-4 · 永祚寺 · 大雄宝殿侧面

图 2-5 · 永祚寺 · 大雄宝殿楼上内景 · 屋顶天花板

傅公祠

傅公祠在太原市，祠中所供奉者，乃是清代傅山，号青主。清乾隆四十八年（1783）谭尚忠、沈之燮等重修的《太原府志》卷59中有嵇曾筠撰《傅征君传》，藉此，可知傅公其人其事。载曰：

傅先生名山，字青主，一字公他，阳曲人。父之谟，明经授徒，号离垢先生。山生而颖异，读书十行并下，过目辄能成诵。年十四，督学文太清拔入庠。继文者，袁临侯先生继咸也，一见深器之。檄取读书三立书院时，时以道学相期许，山益发愤下帷。袁每云：山，文诚佳，恨未脱山林气耳。崇祯丙子，继咸为直指张孙振诬诋下狱。山徒步走千里外，伏阙讼冤。孙振怒，大索山。山敝衣褴褛，转徙自匿，百折不回，继咸冤得白。当是时，山义声闻天下。后继咸官南方，数召山，山终不往。

国朝定鼎，自九江执继咸北上，山乃潜入都，密候继咸起居。继咸见杀，山收其遗而归。山性至孝，父之谟病笃，朝夕稽颡于神，愿以身代。旬日父愈，人谓孝通神明不异。友爱诸季，先人遗产，弟荡费强半，终身无怨色。弟殁，抚遗孤过于己子。失偶时年二十七，子眉甫五龄，旁无外家腾，誓不复娶。于里党姻戚，竭力其缓急，为人分别有让，恭俭下人。与人言：根据于忠孝，谋事要于诚实。盖其敦浓彝伦，根本自然，非有强也。衣草履，时遨游于平定、祁汾间，所至有墨痕笔迹。工诗赋，善古文词，临池得二王神理，该博古今典籍，百家诸子，靡不淹贯。大叩大鸣，小叩小鸣，复自托绘事写意，曲尽其妙。精岐黄术，邃于脉理，而时通以儒义，不拘拘于叔和、丹溪之言。踵门求医者户常满，贵贱一视之。家故饶，至是渐益窭，安贫乐道泊如也。屋舍田园，多为细人窃据，概置不问。康熙戊午，诏举博学宏词，廷臣交章荐山，山坚以老病辞，当事者立迫就道，道称股病不能行，肩舆昇入都，卧旅邸不赴试。满汉王公九卿、贤士大夫，下逮马医夏畦、市井细民，莫不重山行义，就见者罗溢其门，子眉送迎常不及。山但欹倚榻上言：衰老不可为礼。

诸贵人益以此重山，弗之怪也。明年三月，吏部验病入告，奉旨，傅山文学素着，念其年迈，特授内阁中书，着地方官存问，遂得放归。归愈澹泊，自甘僻居远村，不入城府。然钦其名者益众，率纡道往见，冀得一面为荣。又六年卒，远近会葬者，数千百人。山所著有《性史》《十三经字区》《周易偶释》《周礼音辨条》《春秋人名韵、地名韵》《两汉人名韵》等书。

《傅征君传》还载有傅山撰写的《补镌宝贤堂帖跋》。

作者曾于日本大正九年（1920）十一月五日访游傅公祠。当时，祠内正陈列展示以教育督军之名享誉天下的阎锡山两年来热心收集的古碑刻。一阁中庭，放置六朝时期经幢八个。祠中三方壁面，但凡六朝、唐、宋时期的名家墨迹，取碑形大小合适者，嵌入壁面，数量多至二三百。名家手迹诚然非常珍贵，但在下最感兴趣者，莫过于中庭的六朝时期的经幢。

1．造于大统十三年（547）的四面石佛幢。出处不明，去年才陈列展出，造型相当大。（图2-6、图2-7）

2．造于武定八年（550）的四面石佛幢。系出自长治县潞泽。

3．造于天平元年（534）的"赠代郡太守程府君碑"。

4．所造年代不明的自然石佛像。石面上方为坐佛，环绕三面刻有菩萨、罗汉、狮子等。刻纹雕线，力势雄健，可推测为出自六朝。但既无年号，亦无文字，出处亦不明，据闻去年才刚陈列展出。（图2-8）

5．所造年代不明的魏碑。出自河南道安邑县，据闻前年才刚陈列展出。上部雕饰甚是普通平常，无非是蟠龙一类。此碑独特之处在于蟠龙四面俱是坐佛，俨然是目真鳞陀龙王护释迦佛之意。碑首龙饰，表明其创意受龙王护释迦佛故事之影响。（图2-9）

6．所造时代不明的六朝碑。此碑前后共分上下两部分，上为浮雕下则铭文。前面上部浮雕处，画面中心部分有塔，塔的下部左右两侧有倚塔而立的狮子，又有力士骑于狮子背上。石碑背面，上部浮雕画面中，并列数位佛陀立像。石碑背面下方铭文部分，则镌有捐造者姓名，并添刻有一手捧香炉的妇人，此妇人刻像尤为精巧。

7．所造时代不明的小碑。此碑上段部分刻有佛像。

8．姤神碑。所谓姤神，即北齐介子推之妹。介子推为逃晋文公之赏而隐于绵上之山。晋文公为觅介子推而烧山，子推焚死，是以山上建有子推祠，此绵山则有介休县。《姤神碑文》见载于《金石续编》卷8，其高六尺五寸，宽三尺五寸，正面刻《序》，二十行，每行五十三字，背面刊列职名，共七行，每行三十九字，行书。此碑原来在山西平定州东北九十里处娘子关介子推庙，于今转到此傅公祠。碑文记曰：

其神周代之女，介推之妹。

《金石续编》作者陆耀遹，于碑文之后引《元和郡县志》，称妒女祠在广阳县东北九十里的泽发水源。泽发水亦称妒女泉，其泉初大如车轮，水色青碧，泉边有祠，土人祀之，妇人若袨服靓妆，必兴雷电，故曰妒女，即是此神。引《魏书·地形志》载"石艾县有妒女泉及祠"，此即是也。（常盘大定 文）

图 2-7·傅公祠·四面名佛幢拓本

图 2-8 · 傅公祠 · 自然石佛像拓本

晚清民国时期中国名胜古迹图集 · 第捌卷 · 山西太原

一一八

图 2-9 · 傅公祠 · 魏碑拓本

净明寺

净明寺位于太原市北二里许，建于隋仁寿二年（602）。《广弘明集》卷17之隋朝著作郎王邵撰《舍利感应记》记：

并州于旧无量寿寺起塔。

恐怕此系有关净明寺塔婆之最早记载。净明寺于元末被废，明洪武十八年（1385），僧人德阁借净明寺重建，将显光寺等寺院合并到净明寺中。净明寺内有舍利塔，始建于隋代，北宋太平兴国四年（979），舍利塔坍，宝光外露，故诏重建。宋咸平二年（999），遭遇地震，后于宋咸平六年（1003）重修，并于宋景德三年（1006）竣工。舍利塔九层，据称高一百五十八尺。宋元丰八年（1085）（译者注：此处系原作舛误，宋元丰八年应是1085年）吕惠卿撰《舍利塔记》，僧惠素勒石立碑。至元末，寺塔皆废，后于明洪武十八年（1385）重建，即是今日此塔。明正德十六年（1521）再次重修，然于清康熙年间遇地震，塔顶遭受破坏，后于康熙三十八年（1699）修好。

此塔系普通喇嘛教风格的砖结构建筑，矗立于基坛之上，基坛分为数层。塔身呈平面圆形状，即肩宽下窄，上造大相轮，塔顶火珠高耸。火珠下方有宝盖，宝盖下悬风铎。此塔明洪武年间重建，后于清康熙年间又重建，主要翻新相轮顶部的碧瓦，以及新装火珠。塔高约七十尺。图2-10为日本大正七年（1918）六月关野贞所拍照片。（关野贞 文）

图 2-10 · 净明寺 · 舍利塔

奉圣寺

奉圣寺位于山西太原市晋祠以南。唐武德五年（622）为礼释满公、鄂国公尉迟恭舍家宅以建此寺，唐高祖赐匾"十方奉圣禅寺"。尔后，金代贞祐年间，奉圣寺不幸罹于兵燹，后于元初重建。元至正十八年（1358）再遭劫，后至明洪武年间方重修。今日所见砖塔，系清乾隆十三年（1748）重修之物，至于寺中佛殿、门庑，则已荡然无存。于今，连寺僧亦未见人影，唯塔婆、虽系砖结构建筑，却幸存至今日。

塔婆平面呈八角状，立于单层基座上。底层塔面各宽十四尺许，随塔高往上，塔身亦渐次收紧，至塔顶，则以叠式砖拱承轩，甚为精巧。塔盖葺以琉璃黄瓦与青瓦。塔高二十丈许，顶上作舍利塔形。图2-11为日本大正七年（1918）六月关野贞所摄。（关野贞 文）

图 2-11 · 奉圣寺 · 七层塔

龙山 | 童子寺

童子寺位于太原西北十五里处龙山之上。据《山西通志》载，童子寺系北齐天保七年（556）由宏礼禅师创建。相传，彼时有二童子，见山石俨似世尊，遂镌佛像，高一百七十尺，故名"童子寺"。寺前建有燃灯石塔，高一丈六尺许。燃灯石塔后面錾二石室，以栖众僧。石塔附近有开化寺，创建于北齐天保二年（551）。据闻，开山凿佛所錾佛像高二百尺。

北齐文宣王曾登此童子寺，眺望并州城，并问："此乃何城？"臣下答曰："金城汤池，天府之国。"帝云："吾以唐邑为金城，此非金城也。"事载《北史》卷55、《北齐书》卷40。由此记载可知，童子寺乃鸟瞰并州城形胜之地，并且，北齐文宣王登童子寺时，大佛像应已开造，虽具体年代不明，但文宣王在位则是北齐天保七年（556）至北齐天保十年（559）这一期间。此尊大佛像名头甚响，一直到后来，唐高宗还巡幸至此。《法苑珠林》卷14中有关童子寺及开元寺，记载如下：

唐并州城西，有山寺，寺名童子。有大像，坐高一百七十余尺。皇帝崇敬释教，显庆末年，巡幸并州，共皇后，亲到此寺，及幸北谷开化寺。大像高二百尺。礼敬瞻睹，嗟叹希奇，大舍珍宝、财物、衣服。并诸妃嫔、内官之人，并各捐舍。并敕州官长吏窦轨等，令速庄严备饰圣容，并托龛前地务令宽广。还京之日至，龙朔二年秋七月，内官出袈裟两领，遣中使驰送二寺大像。其童子寺像披袈裟日，从旦至暮，放五色光，流照崖岩，洞烛山川。

如此两大石佛，乃是北齐佛教艺术代表之大作，或许此石佛刺激唐高宗及皇后，是以成就龙门大佛开凿亦未可知。可惜，于今石佛已经崩塌，以至踪迹全无。岩壁上錾有四窟，莫不是古书所记栖僧之处。但见一方平地，巨岩屹立于前，一石灯形单影只，此莫非古书所谓的"燃灯石灯"乎？由此推定，传闻高一百七十尺坐佛大像必定是屹立在此巨岩间，其崩塌形迹依然清晰可见。而在巨岩中央，尚有菩萨刻像。在此刻像左方，削平岩面，排列錾刻小佛龛若干。现存菩萨立像，原系大佛像右侧侍像，故除此尊菩萨立像外，左侧应还有一尊菩萨侍像才对，而在此两尊菩萨立像中间，才是坐高一百七十尺的巨大石佛。唐高宗及其皇后之所以"礼敬瞻睹，嗟叹希奇"，推察之，盖出于其乃非比寻常之杰作。（图2-12、图2-13）

唐高宗敕州官长吏，令童子寺龛前之地务必宽广，此事见载前述《法苑珠林》。正是有高宗此敕，是以山腹中有一方平地，平地上有石灯，有陀罗尼幢。（常盘大定 文）

石灯或许就是《山西通志》所称"燃灯石灯"。一千三百六十余年暑去冬来，雨打风吹，石灯已被严重剥蚀，然旧时容颜依旧可辨。文献记载其高一丈六尺，可惜剥蚀严重，塔身细部已难辨认，唯能观其大致形态。但见塔身中空，石灯上盖颇显轻灵，下为雪花石雕成的须弥座，座身之中施平座，由层层仰莲

组成，上为灯龛，此为中国石灯最古老的式样。石灯为八角形，八角每面俱雕蟠龙，若不为风雨所蚀，面容如初，将是何等壮观。石灯起源于中国，并向朝鲜，也向日本播散延传。无论是朝鲜还是日本，能代表各个时期的石灯种类都相当丰富。就作者所知，中国亘通古今，石灯仅存者，唯此一座。是故，此石灯既是中国历史上最为悠久的石灯标本，又是中国现存古代石灯的唯一实物。要研究中国石灯与朝鲜、日本相关联系者，舍此童子寺前燃灯石灯则别无他途。（图2-14）（关野贞 文）

陀罗尼幢系六角形石柱，上刻"佛顶尊胜陀罗尼"。于今，此经幢文字大半剥蚀，已难辨读。仔细观察此经幢，即可发现，在此经幢下边，还躺倒一刻有"尊胜陀罗尼"的石柱。想来，乃是由于文字严重剥蚀，故将旧石柱放倒，并在其上新刻陀罗尼。由此可知，此被放倒在地的陀罗尼石柱所经历的岁月有多久远，据此亦不难推察童子寺始建于何时。石柱外部加套蟠龙雕刻的石材以保护之，致使整个陀罗尼柱的外形显得复杂。（图2-15）

童子寺遗址照片系日本大正九年（1920）十月作者常盘大定亲自拍摄。（常盘大定 文）

图2-12·龙山·童子寺址·摩崖观音像

图 2-13 · 龙山 · 童子寺址 · 摩崖观音像

图 2-14 · 龙山 · 童子寺址 · 石灯座

图 2-15 · 龙山 · 童子寺址 · 陀罗尼经幢

风峪 ｜ 石刻《华严经》

　　太原市西五里处有风峪，位于横亘龙山与蒙山之间的盆地上。此地有风动祠，底下窨为回廊状，以藏石刻《华严经》。石柱总数，《曝书亭集》记为一百二十六；《金石萃编》则称一百二十四。大石柱高四尺二寸，宽、厚俱在二尺开外。石柱四面均刻经文，柱面宽狭、行字多寡，俱大小不等，彼此不同。如此石柱，排列不一，错落无致，其数难计。尚有一石柱，四面字刻悉数未拓。常盘大定于日本大正九年（1920）亲自拓石以来，屈指算来，才拓完《十地品》第二十六之五，以及《普贤三昧品》第三的一部分。《金石萃编》作者王昶称"碑无时代、年月及刻经之记、序、题名，唯经卅七末行，见题姓名佛弟子许智通妻宋十娘、许五娘、女许三娘，仅此而已。经文书格不一，或秀整，或流动，大致类初唐虞褚。其中，'四十'作'卌'；'星'作'〇'；'天'作篆文宛如'而'；'华严'作'花严'，此为北朝习见矣"，故将此《华严经》石刻造立时间下调至北齐天保二年（551）之后。另外，《曝书亭集》亦同样将其定为"北齐天保间"（译者注："天宝"系"天保"之误）。但是，《大华严经》卷七之《普贤三昧品》第三、《大华严经》卷三十九之《十地品》第二十六之五，其译本俱非出自晋代而是唐代，至少说，此《大华严经》的《普贤三昧品》第三与《十地品》第二十六之五的石刻必是唐刻而非北齐所出。不仅如此，观其使用武后所创新字，亦知其为唐代石刻。但有书格不一之现象，或系六朝交替时期所出亦有可能。只是，尚未全面查实之前，不宜轻率断言。不过，想来还是李唐以后最有可能。

（图2-16、图2-17）（常盘大定 文）

图2-16・风峪・《华严经》石拓本

图 2-17 · 风峪 ·《华严经》石拓本

晋祠

晋祠位于太原市西南五十里处的古唐村。晋祠乃山西名胜古迹，自古就是文人墨客流连之处。此地旅宿条件亦属完备，故纷至沓来者与年俱增，晋祠容貌亦大异以往。晋祠原先为晋地初代封君唐叔虞以及晋水水神的祭祠，至北齐，则将此祭祠改为寺。后唐高祖举义师反隋，在此祈天誓师。唐贞观二十年（646），唐太宗御制碑文将其名为"晋祠"后，晋祠于是名扬海内。晋祠后又将李白等贤人名士一并祭祀。有关晋祠诸殿，各书记载，并不一致。即便是近世以来后人的考察报告，亦是各说不一，变动不断。此处作为代表，不妨先举纂修于清光绪十八年（1892）《太原府志》的记载，然后举日本明治三十九年（1906）到此考察的塚本靖博士的考察报告，最后再举日本大正九年（1920）考察晋祠的常盘大定的报告。（图2-18、图2-19）

清光绪十八年（1892），曾国荃、张煦等人纂修的《太原府志》卷二十三中对晋祠作如此记述："在西南悬瓮山麓，晋水发源之处。"《魏·地形志》载：晋阳有晋王祠。昔，智伯遏晋水以灌晋阳，后人因之蓄为池沼。水侧建祠，池上结飞梁。北齐天保中，大兴营建，遂为北都。《北史》记，后主天统五年，改为大崇皇寺。唐高祖举义师，祈于此。太宗亲制碑文，仍名晋祠。晋天福六年，封兴安王。宋天圣年间，改封汾东王，又于水源西建女郎祠。元至元年间重修。海阳弋毂撰记云：祠西山上有望川亭，祠中两泉，北曰善利；南曰难老。皆作亭蔽之。祠南大池，西岸有流杯池，池上有均福堂。堂后曰仁智轩。其南曰涌雪亭。池中岛上曰清华堂，亭曰环翠。邦人岁时行乐甚众。明，改称唐叔虞祠。云云。

此撰记，见有女郎祠、望川亭、善利泉、难老泉、流杯池、均福堂、仁智轩、涌雪亭、清华堂、环翠亭等名称，又称明代改为唐祠，称唐叔虞祠。

日本明治三十九年（1906）前来考察的塚本靖博士撰文称，晋祠祠内有三大殿，最为重要者为敕封"广灵昭济沛泽翊化圣母庙"。位于此庙南面的大殿，则是台骀神庙。台骀神庙再往南，有一前有喷泉的大殿，即汾神庙。在汾神庙前方，列有钟楼、鼓楼、献殿、石坛、戏台等。所谓台骀神者，即是汾神，故台骀神者与汾神，虽名字不同，然实为一体。由此看来，晋祠祠内所供主要神祇，就是称作圣母或圣女的晋水之神，以及汾水的水神。原先在晋祠中作为最主要的祭祀配享者，唐叔虞于今在晋祠中却完全不受祭祀。除此三大殿，还有汾阳王庙与公输子庙亦是陪祀的庙堂。汾阳王庙祭祀唐王朝的忠臣郭子仪。汾神庙前有涌泉，名为不老泉，匾额有"难老"二字，此庙于南北朝之际，依照佛寺形制，于大殿门内，以

及圣母庙前石台上,立四大天王,又在不老泉中的岛上建小塔,凡此,俱不无佛教的况味于其中;今有僧人居住在晋祠后面。晋祠内,有唐太宗御制碑文《晋祠铭》及百来件石雕。过了金人桥,可见石坛上有四尊金人,云云。

此文中记有汾神庙、汾阳王庙等,但日本大正九年(1920)十一月三日常盘大定前来考察时,塚本靖博士文中所提汾神庙、汾阳王庙却已不存,倒是另有其他名称别异的建筑在此。晋祠变化之显著,亦清楚表现在圣母庙敕匾上。比起日本明治三十九年塚本静博士考察时,日本大正九年的圣母庙敕匾多了"惠显"二字。由此及彼,其他变化就不难窥豹一斑。

图 2-18 · 晋祠 · 客堂

图 2-19 · 晋祠 · 泉源

日本大正九年（1920）十一月三日常盘大定前来晋祠考察，其考察报告如下。

晋祠，系祭祀昔日唐朝叔虞的祠庙，然而，于今却变为以祭祀水神圣母为主的一大庙堂。只要看祠前那一泓清水汩汩涌出，即便是干旱之时亦喷涌如故，便不难察知此庙堂之主角乃何方神圣。只是，他处亦有水神圣母的祭祀。从其他殿堂供奉的神祇布局与格局来看，基本是以圣母为中心，以吕祖为陪衬，与水神圣母跟叔虞的主从搭配同出一辙。整个晋祠，殿堂数量颇多，缕述如下。

1. 吕祖阁。从石阶高台处再拾两级，阶上有吕祖阁，榜题"敕封爕化赞运纯阳演正警化孚佑帝君"，其像以白布覆之。阁内有若干灵签，并有《般若心经》石刻。（图2-20）吕祖阁右手有伴桐台，又称读书台，在其右边，有三台阁，于今权充之客堂。台阶下，正面为朝阳门，此处有"欲界仙乡榜"。在其右，有两小洞，其中之一现被用作"模范村事务所"。此洞右边有一别室，名曰"待凤轩"，暂充客堂（在塚本靖博士的记述中，相当于此吕祖阁的一应建筑，全被用作僧房。但随时间推移，至日本大正九年，却已是变化如斯）。

2. 圣母殿匾题"敕封广惠显灵昭济沛泽翊化圣母"。殿内，除供二神女及二侍臣像，在其左右及后面，还有三十余尊女官及四五尊侍臣像。大殿外则有貌似二王的巨大雕像。

3. 苗裔殿列在圣母殿右侧，匾题"敕封子孙圣母育德广胤元君"。此殿左右两边有六女官，殿前下方左右有二侍臣、二恶鬼，殿后右边有四女官、一侍臣；左边有六女官、一侍臣。

4. 台骀庙列在圣母殿左侧，以帝君塑像为主角。殿前供桌，放有部分《明藏》。左右壁面覆有新的藏式曼陀罗唐卡。所谓"台骀"者，参阅《太清一统志》（译者注：原文有误，应是《大清一统志》）《山西志辑要》等文献记载，实为汾神，别无其他。《左传》之《昭公元年》载：

金天氏有裔子曰昧，为玄冥师，生台骀，能业其官，宣汾，洮，障大泽，以处太原。帝嘉封诸汾川，后人立庙祀之。

5. 公输子祠或鲁般庙位于台骀庙左后方，系祀帝君之庙堂。

6. 水晶宫与台骀庙并列，位在其左方，分为上、下两层。上层为祀殿，水母受祭于此，但见其端坐于莲座之上，状若观音。下层匾题"敕封敷化水母"。

7. 三圣寺。自水晶宫跨桥向前，往北方向，以药王殿为中心，仓王庙在其右，二郎庙在其左。

8. 唐叔祠。与三圣寺相对望，位在南面，即吕祖阁下方平地上。此即冠盖古今、名闻遐迩的晋祠。其他建筑全出其后。谁知世事难料，于今却是喧宾夺主，落得主客倒置。

9. 关帝庙位在唐叔祠右后方。

10. 东岳庙与唐叔祠并列，位在右方。殿内以帝君塑像为中心，并有四侍臣像列于其中。

11. 文昌宫位在东岳庙右侧，共有两层，上层奉文昌帝君，下层供朱衣神。

以上所列，均为大殿，与之相配的附属建筑甚多，多至未能一一尽道其详。只是，此等附属建筑，约有半数系近期新增。

此外，晋祠还有：

12. 钟楼、鼓楼。

13. 戏台、牌楼。

14. 水源洞二处。

15. 金神四尊。铁铸神像，其胸部、腰部、肩膀、手腕等处有铸造年代铭文。辨其铭文，知此金神乃是铸于宋绍圣五年（1098），后屡有伤损，其伤损部位分别于明朝永乐二十一年（1423）、明弘治十一年（1498）、明正德十二年（1517），以及清乾隆三十二年（1767）等修补。由是观之，只有一尊系正宗宋代铸像，其余三尊，无一例外，俱经后世修补。（图2-21、图2-22）

16. 唐太宗御书碑阁。此阁藏有唐太宗于唐贞观二十年（646）御书的《晋祠铭》。由于此碑题匾系用"飞白体"，因而名闻遐迩。只可惜御碑下部大半剥蚀，有复制石碑并立在左。御碑背面，刻有当时唐太宗侍从大臣自写的姓名。此外，御碑背面及左右两面，还有宋、明、清不同朝代来此一游的士人刻名。如下所示，御碑碑面分为上、中、下三阙。上阙为唐太宗属下王公大臣，中阙及下阙为后来的士子名人。（图2-23、图2-24）

赵国公无忌	至和二年臣余藻	元祐丙寅卢讷
宋国公臣瑀	熙宁戊申范阳卢大雅君美	元祐丙寅〇〇〇
英国公臣绩	临川王安礼和甫	元祐丹阳郡董伯友
陨国公臣张亮	清源王安固	绍圣乙亥
江夏郡王臣道宗	熙宁癸丑太平王安脩世	绍圣三年〇〇
安德郡公臣扬师道	元丰三年孙同	政和五年开封
马固	元丰七年曲县合崔衮规	苗仲渊师颜
权叔阳	元丰七年吉甫	政和乙未陈知有
	洪武二年杨宪	
	嘉庆十七年阮元	
	嘉庆壬申凌铭	

此唐太宗御碑对历代士子文人恐怕是大有刺激作用，且看，吕祖阁石阶左右两边石壁上，还有各处壁上，密密麻麻，尽是碑刻。

有关晋祠的金石镌刻，为数甚多。下面仅就唐叔虞及圣母，各举一碑文。

图 2-21 · 晋祠 · 宋金神

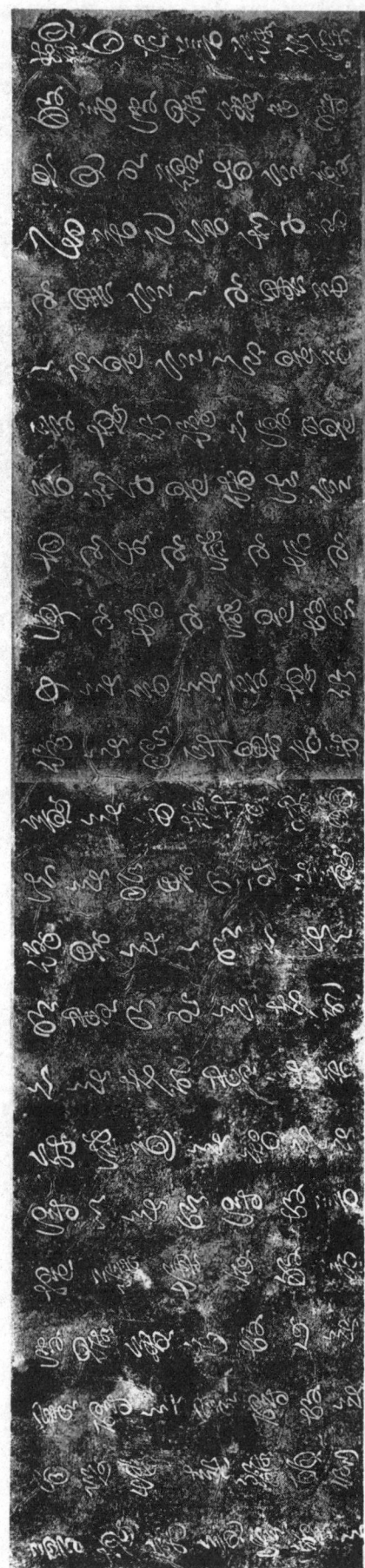
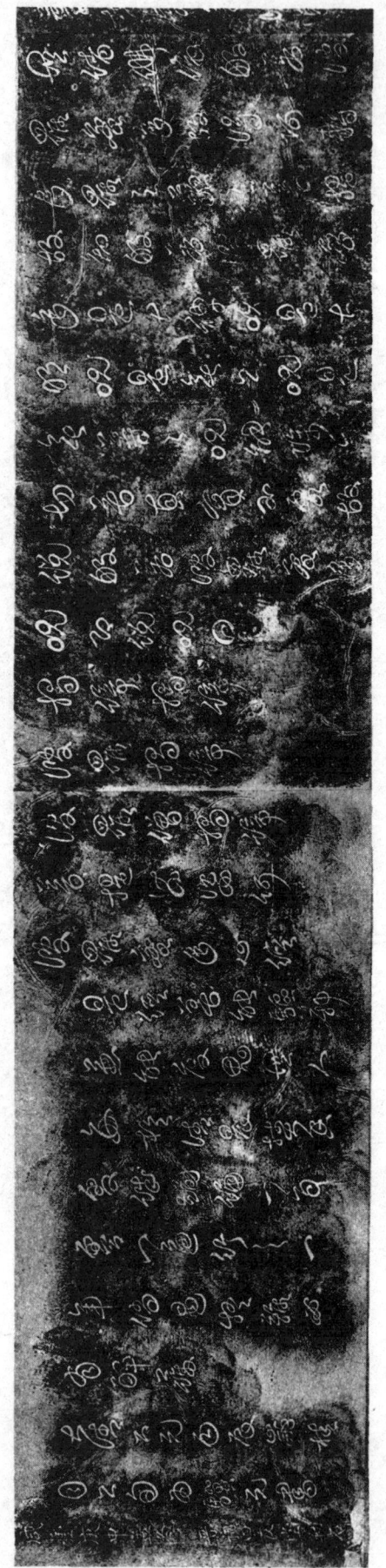

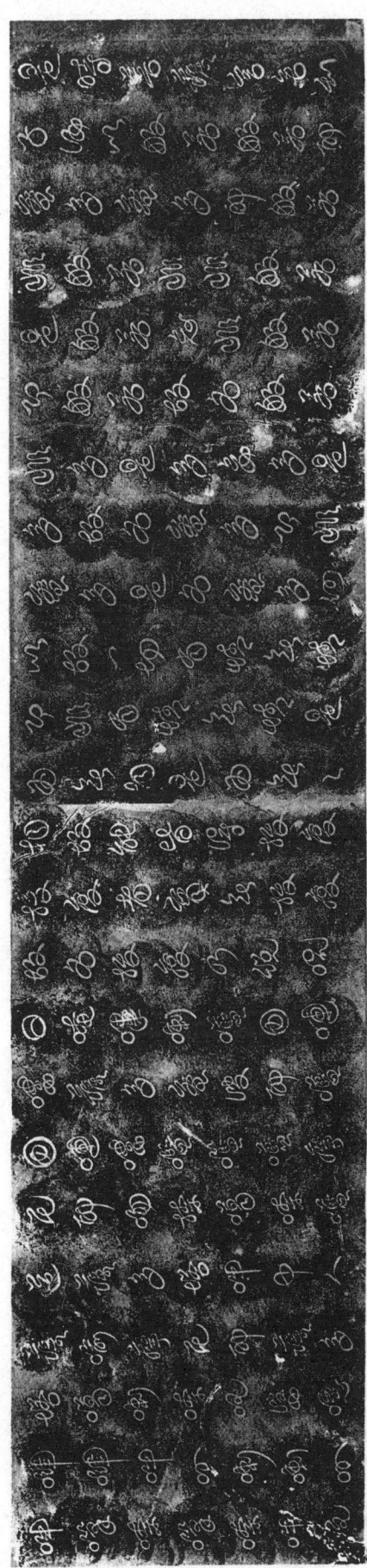

图 2-20 · 晋祠 · 吕祖阁 ·《般若心经》刻本拓本

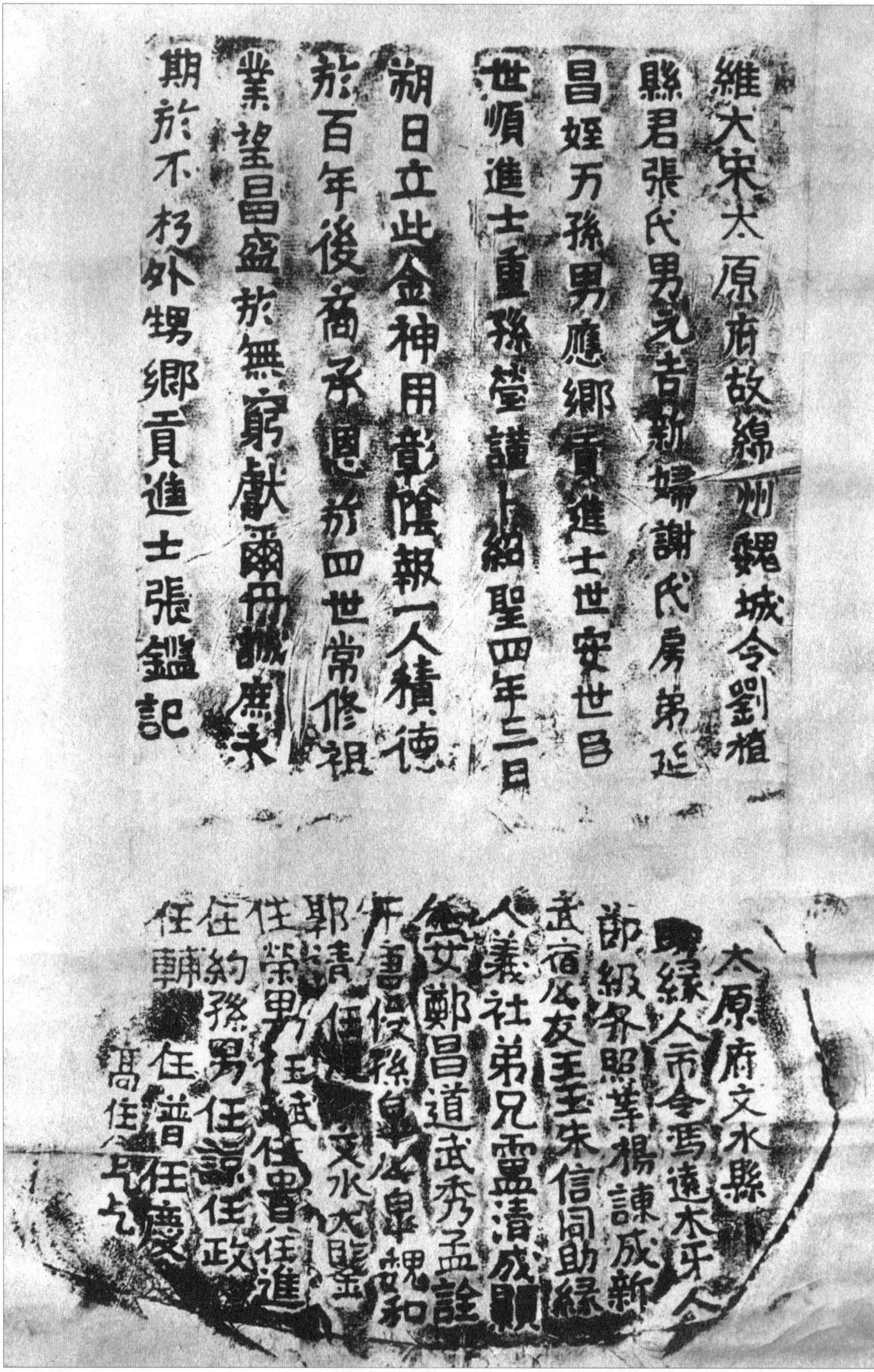

維大宋太原府故綿州魏城令劉植
縣君張氏男兄吉新婦謝氏房弟延
昌姪万孫男應鄉貢進士世安世昌
世順進士重孫瑩謹卜紹聖四年二日
朔日立此金神用彰陰報一人積德
於百年後商承恩於四世常修祖
業望昌盛於無窮獻爾冊誠鷹永
期於不朽外甥鄉貢進士張鑑記

太原府文水縣
賜緣人市令馮遠木牙人
節級郡照等楊諫成新
武宿友王朱信同助緣
人義社弟兄靈清顏
安鄭昌道武秀孟詮
牙書俊孫卓文水太監和
耶清男王武任書任進
任榮約孫男任諫任政
任輔一任普任慶
高任民乞

图 2-23・晋祠・唐太宗御书晋祠之碑铭

图 2-24·晋祠·唐太宗御书晋祠之铭铭拓本

太原市重修唐叔虞祠记

乾隆三十七年（1772）壬辰立，肠进士出身山西布政使大兴朱珪撰文（译者注：原文有误，应是"赐进士出身"、而非"肠进士出身"），庚寅科举人通州陈河图丹书。碑文所记内容如下：县西南十里，晋水之北，故有唐叔祠，即所谓晋祠。乾隆戊子夏，陆自楚迁于晋（译者注：原文有误，对照原碑文，应是"珪自楚迁于晋"而非"陆自楚迁于晋"，珪，即撰文者朱珪）。同年，今楚南抚军梁公以书来曰："国治监司冀宁，志乎新唐叔祠而未果，子其勉之。"陆来谋于冀宁（译者注：此处"陆"亦应作"珪"，下同）。观察徐公浩，属太原令周君宽，鸠其役更故，殿址为享殿而拓，正殿以其北，凡九丈。建东西荣各三，属以长廊，绕以周垣，门阙岿然，登降进退翼如。始庚寅七月，落成辛卯九月。此时，邑人初揭《贞观铭》于石，与故碑屹然并峙。陆再谒祠下，喟然叹曰："晋分于赵，太原其保障也。迄今（译者注：从碑文上看，此处应有一字，或"几"或"哉"，待大家考之）三千年，中衍之后不祀，忽诸而叔祠独新。然则叔之明德远矣。"祠之右有圣母殿，或曰水神。太原阎若璩曰：盖邑姜也，母封圣母，子封汾东王。璩从草间搜出宋政和五年残碑，乃姜仲谦谢雨文，词曰："致祭于显灵昭应圣母汾东王之祠"。呜呼，姜嫄宫于鲁而邑姜祠于晋。周德肃雝之盛，又岂叔隗赵姬所可同年而语哉。奚记其事，而为之铭，云云。(图2-25)

图 2-25 晋祠·重修唐叔虞祠记碑拓本

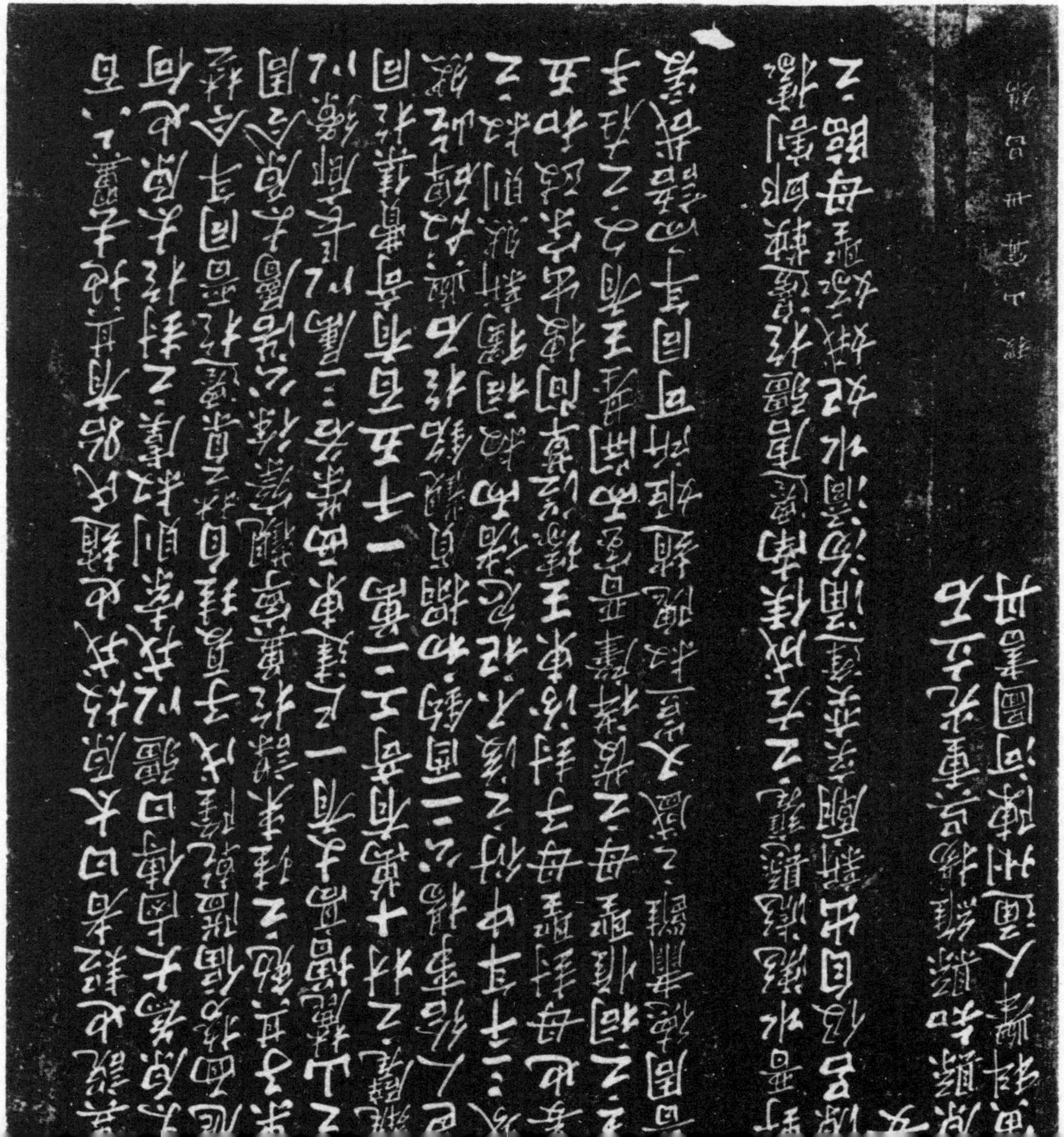

晋祠圣母庙辨碑（译者注：原文"祠"为"词"）

抬头题款为"咸丰六年岁次丙辰二月望日　安徽潜郎老人沈巍皆记　天津沈兆沄书"。文称，晋祠之由来久矣，《魏书》《北齐书》以及《水经注》皆载之，而尤显于唐初者，则以高祖起义兵祈之，太宗作铭词报之故也；说者谓"叔虞始封于唐，因晋水改国号，后人立庙以祀之，故名曰晋祠"，然则，谓之"晋"者指晋国，而非指晋水；谓之"祠"者，祀晋侯而非祀晋水神也；咸丰甲寅，余避寇并门躬诣祠下，见其间称庙者凡八，而圣母为最尊；其庙负山东面，殿宇宏敞，制如帝室；询之土人，佥以为水神；叔虞祠虽南面，而以地势及规制衡之若附庸焉。顾亭林云："今人但知圣母而不知叔虞，不其然乎。"窃以为，名曰"晋祠"，何以名实不符，位置颠倒，心颇疑之，及读宋宣和五年（1123）谭稹谢雨碑而始恍然也；其文首云"致祭于显灵昭济圣母汾东王之祠"，已合二庙为一，以圣母领叔虞矣；又云步长廊之回环兮，攷故事于丰碑，惟圣母之发祥兮，肇晋室以开基，王有文之在手兮，其神灵之可知；是圣母乃邑姜古碑，曾载其建庙之由矣；然则，循晋祠之名，则地统于君，考

晋祠之实，则子统于母。其位置固应尔尔而疑团始释耳。或有问余曰："信如君言，唐太宗作铭词，何以不明言及之乎？"余应之曰："辞尚体要，唐高祖起兵时正守太原，意欲伐暴救民，取法周武。叔虞乃武子，为古先有土之君，故祷之。邑姜虽母后之尊，然妇人不与外政，岂以神事之而干以军旅之事乎？高祖之不祷圣母者，事体宜然也。太宗之文不明言圣母者，文体宜然也况其文前云'惟神流派天璜（译者注："流派天璜"，原作"流"字左边偏旁为"足"而非"氵"），分枝璇极'，谓叔虞也。末云岂若高唐之庙、空号朝灵、陈仓之祠、虚传

夜影，盖暗指邑姜也。不然岂有报享晋侯之文，而泛及妇人为水神者乎？是可以理断之，子何疑焉？"夫典既举而莫废，事必信而有征，古碑今不复存，宋人曾读而记之；宋碑亦不甚显，余又读而知之；非作辨以纪其实，博雅如亭林，尚目为晋水之神，况流俗乎；爰据宋碑之文，述古碑之事，以谂来者；□晋省人士，咸知圣母非水神，庶不失古人祠祀之本旨，是则余之微意云尔，云云。（图2-26）（常盘大定 文）

图2-26·晋祠·圣母庙辨碑拓本

山西平定

李清报德像碑

据《山右石刻丛编》卷二载,李清报德像碑现今在山西省平定县石门口。此碑高四尺三寸九分,宽三尺一寸四分,碑文共三十行,每行从三十七字到四十一字不等。大齐天保六年(555),乡郡乡县李清氏感念李宪、李希宗父子知遇之恩,造像立碑以报其德。碑文为燕州释仙书,正体楷书。

碑文中所谓李宪者,乃前兖雍七兵尚书阳冀定五州刺史义同文静公。《魏书·李宪传》所载李宪官衔及赠官赐谥,俱与此碑同。希宗为李宪第二子,赐"司空",谥"文简"。齐王纳其次女,后于北齐受禅时立为皇后。报德像碑立于文宣王天保六年(555)。此时,李后已立,故碑中盛赞后德,曰"怀握瑾瑜之美",又称"履恭姜伯姬之节"。皇后与李清二者属何关系,碑文中并未见载,然碑中载"论家语德,我实兼之",又"蹉蹉后世,识此生荣",据此,不难察知二者乃系近亲关系。李清摩岩刊石,以造报德像碑,此举乃是基于佛教的报恩思想。李宪、李希宗父子,信佛甚笃,李清亦随之敬奉三宝。碑文记"增荣改价,二公之造焉。加以宿殖善因,洞悟空假,投躯正觉,倾心大乘,体瞬息之不留,识泡炎之必尽,营资粮于旷路,树功业于福田,初未脱于生死,终不离于苦空"。

《山右石刻丛编》指出此石碑文有脱漏,字有变体,碑文中有"负土城坟","城"应作"成"才对;"波轮回,星流电灭"一句,"波"下面脱漏一字;"户改辞曹门通德","门"下面亦是脱漏一字;"沧海为原"下面脱漏一句;碑文起笔"天宝六秊岁次乙亥七月己卯朔一日庚辰",此处"一日"前面应该有"越"才对;"惟彼调御"一辞,"彼"下面放空了一字;"阳冀定五州刺史"一语(译者注:此处的"冀",上文却作"冀"),细究之,北魏、北齐年间,观河北诸州,并无置阳州,"阳"恐系"易"之讹舛;"邢邪关"即井陉,至于"榆交式"的"式",猜测应是村落之意,只是不明原由。(图2-27)(常盘大定 文)

图 2-27 · 李清报德像碑拓本

山西应州

佛宫寺 | 八角五层木塔

觉罗石麟于清雍正年间奉旨修辑的《山西通志》卷169中有应州佛宫寺，称佛宫寺在州西北，初名宝宫寺；辽清宁二年（1056），田和尚奉旨建造，有木塔，道宗赐额曰"释迦"，高三百六十尺，围之半，六层八角，上下皆巨木为之，玲珑宏敞，宇内浮图，足称第一；金明昌四年（1193），增修益完；元延祐二年（1315），避御讳，敕改今名；元至正年间，地大震，七年（译者注：此处原文有误，查对文献，系"七日"而非"七年"），塔屹然不动；日午或阴雨人居时，见倒影；明洪武元年（1368）四月八日，塔顶佛灯连明三夜，昼尤见广灿；永乐间，成祖驻驿塔上，亲书"峻极神工"四字；明正德三年（1508），武宗游幸至州，登塔宴赏，御题"天下奇观"，出帑金命太监周美修葺（译者注：此处原文有误，查对文献，系"周善"而非"周美"）；明万历年间重修，田蕙撰记；内有透玲碑，相传出自唐晋王墓，上石光明如镜，照见人物；元季，遇兵燹，仅存二尺许，置以塔壁；国朝朱彝尊有《木塔记》，云云。

旧《山西通志》载佛宫寺建于晋天福年间，后于辽清宁二年（1056）重建。据田蕙所记，寺中并无碑石，仅得石一片，上书"辽清泰二年田和尚奉敕募建"十二字。郡县志所载俱以此为本，旧志据何作此记载，却不得而知。莫非寺自天福始兴，而木塔则于清泰开建？

日本明治三十五年（1902）六七月之交，前往应州佛宫寺考察的伊东忠太博士，为中国木造塔婆而称奇。此塔状呈八角五层，有二百几十尺高，仅此就已是非常珍奇。而且，其建造年代为辽清宁二年（1056），时至今日，犹能保存当初式样，则更是奇迹，更不用说其建造工艺手法之细腻精致、其创意构思之奇妙精彩。是故，佛宫寺与大同的大华严寺、善化寺，共同被视作辽、金二代的三大历史遗产得于异彩纷呈。伊东忠太博士在其有关中国北方古建筑的调查报告中，提到应州佛宫寺的建造设计，摘要如下。

塔为八角五层，最下层有飞檐，此层八角八面的每一面径长四十一尺三寸。（图2-28）除了中柱与边柱以瓦葺护之，余者悉数系纯木造。每层一面进深三间，均有中柱与边柱。二层以上，装有勾栏，其形制与日本古代建筑大体相似。斗栱形制甚为新颖，每层各异。飞檐部分的斗栱与大华严寺之海会殿，以及善化寺之大雄宝殿，结构相同，从而表明三者建造年代相去不远。底层斗栱见有尾垂木双栱；第二层为长栱，用双尾垂木；第三层为中栱，无尾垂木；第四层、第五层为短栱。各层勾栏下方有檐托，皆为中栱，只是搭接方法不尽相同。斗栱式样的变化如此丰富，亦显示木塔建造的创意构思何等丰富多彩。塔上相轮，自承露台下方至塔顶最高点，恐怕不下四十尺。先是塔顶处有承露台，承露台上再加双层花盘，其乃砖构。花盘以上建筑部件均属铁制品。最下面有莲座，莲座之上有一圆球，球上有五轮，五轮之上有塔盖，塔盖之上有四片火焰状半圆形金属片，再上面是新月形金属片，再上面是并叠双珠，再上面是八叶莲瓣，再上面是宝珠，再上面又是莲瓣，莲瓣上是花盘，最后是花盘拱以宝珠。（图2-29）（常盘大定 文）

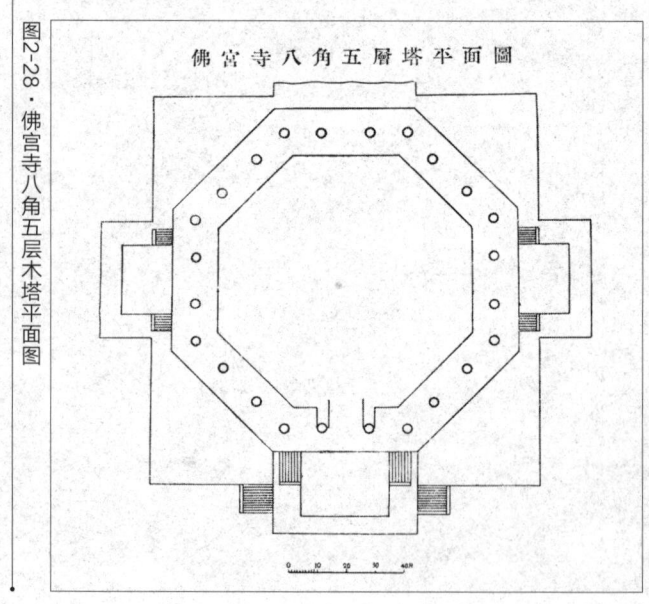

图2-28·佛宫寺八角五层木塔平面图

图 2-29 · 佛宫寺 · 八角五层木塔

山西榆次

永寿寺

清光绪壬辰年（1892）曾国藩、张熙等人纂修的《山西通志》卷59"山西榆次永寿寺"条下载曰：

> 永寿寺在榆次县东源涡村，建宁元年建。唐元和十二年，自村东移至今所。宋大中祥符年，增建经阁及浮图。

有关永寿寺，《山西通志》记述甚是简明扼要。只是谓永寿寺建于东汉建宁元年（168），对此，笔者却难苟同。

塚本靖博士曾于日本明治三十九年（1906）考察永寿寺。其考察报告如此述及此寺的构造及历史：

永寿寺在县东七里处的源涡村。唐元和十二年（817），自村东移至今处。宋大中祥符年间（1008—1016），增建经阁及浮图。其后，据寺碑载，宋崇宁三年（1104），修四圣舍利阁；明嘉靖三十年（1551），寺重修；明万历十三年（1585），建乐亭；清康熙三年（1664），金妆佛像；清康熙四年（1665）、清康熙三十八年（1699）及清康熙四十九年（1710），寺重修；清康熙五十八年（1719），置忠烈祠；清乾隆二十一年（1756），寺重修，增筑禅院；清嘉庆八年（1803），修忠烈祠。（图2-30）

一进大门，其西有钟楼，东有佛堂；再往前，是雨花宫，而乐亭接于雨花宫后。自雨花宫左右两侧起墙，穿小门，绕中庭，有建筑错落其间。正面是空王殿，坐落坛上。空王殿前方左右两边，列有东西庑廊，东边庑廊北侧有忠烈祠。空王殿后面，更有一中庭，尊经阁巍然矗立于此。

永寿寺大门为进深三间、一门二窗的建筑结构，内有四天王，悬额书曰"永寿讲寺"。

钟楼下层苫瓦，上层木构，且为进深三间、三面放空的复层。

佛堂同为进深三间、一门二窗复层的建筑结构。

佛堂内一分为三，中央供奉佛像，北边小厢房隔为上下两层，有阶梯可拾级而上。佛堂内还供奉镌刻有北齐武平二年（571）铭文的石佛，以及六朝时期的小石佛数尊。

雨花宫亦是进深三间、一门二窗的建筑结构，开有一后门，以通乐亭。如此建筑形制，罕有其类同者。忠烈祠同样是进深三间、一门二窗的建筑结构，祠内供奉一正冠本尊造像，可能就是关帝像。南面佛堂内的塑像，系出自近代人之手，技法甚是拙劣。但旁边的小石像，其雕刻技法显具六朝风格。又有一祠

图 2-30・永寿寺

安已霑足矣果应。诏入长安不就，御驾至岩麓，师已坐化。山雾中见金字，云：空王古佛。太宗赐'空王佛'号。"

空王殿正面为进深三间，有三门，又于殿后开一门，轩桁下三斗为中拱。正面殿前石坛上直列一对铁香炉、一对陶制狮子。有一小斜坡，跋此即登坛上。

尊经阁乃复层建筑结构，下层为砖结构，内隔为数室。东西两边的小房间筑有楼梯，可拾级而上。上层前面状如戏台，往前凸出，后面乃进深三间，三开门，三个方向俱对殿前石坛。尊经阁内有一室供奉佛像，此室周围建有回廊。室外则塑有十七罗汉像，想来是十八尊罗汉缺了一尊。尊经阁的背后正面，中间是观音，左右是夜叉、天王、善财童子。从其双侧向周围环绕，列坐的则是前述的十七罗汉像。尊经阁壁上，有宋崇宁三年（1104）四月十五日前汾州介休县主簿李龚留题，壁上还嵌有空王佛石刻。

尊经阁前庭有四层砖塔两座，左右对峙。有石刻铭文，然文字已莫能辨。只是从其形状推察，似是与尊经阁同时，俱出自宋代崇宁年间。在尊经阁东边，并立三座三层砖塔。观其铭文，均系金代建造。铭文有三，如下所示：

1. 源涡里永寿院先师和尚塔
金天德二年七月二十二日（1150）
2. 源涡里永寿院唯识论住持沙门善贤□修塔记
金大定五年四月（1165）
3. 泰和二年壬戌辰月（1202）

另外，在其附近还有座塔，只是已被彻底破坏，但可见其地窖。由此推断，当是金代僧侣墓室。

尊经阁西南空地，犹有一座三层砖塔，系明朝嘉靖辛卯年（1531）仲春所造，乃故僧会同掌会事了增益庵之墓。

以上内容均摘自日本明治三十九年（1906）来此考察的塚本靖博士所撰报告。（常盘大定 文）

与忠烈祠相对望，祠内供有一尊塑像，应是老子。与此祠南面相接的佛殿内，中间是释迦牟尼佛，左右两边则是二菩萨像及二天像。

空王殿供奉空王佛，故名。空王佛乃何许人也？据《山西志辑》载，其被认为是仙佛一体之行者。《山西志辑》记曰："隋空王佛，其先为榆次县田氏。名志超，年十七。削发云游，寓介休滚钟寺，侍者摩斯供厨，有白兔，用钟取水，日供不竭。后至报腹岩中禅定崖，摩斯受戒。贞观初，亢旱。太宗令父老向名山寻祷，至岩，师令拜摩斯。斯以水向西洒，曰：长

山西大同

九龙壁

清道光十年（1830）崔允昭、黎中辅等人纂辑《大同县志》卷末"杂志"中有如下记载：

九龙照壁，在和阳街东，高五丈，宽二十丈。琉璃瓦烧五色，刻鳞爪之而装成九龙，下甃方池。岁旱，以池水浇龙身，辄雨。相传，前明代府之照壁也。故其北为王城街，东华门、西华门基址尚存。

由以上记载可知，此九龙壁为明代大同府衙的照壁，在和阳街东面。据《大同县志》载，九龙壁高五丈，宽二十丈。琉璃瓦上五色釉，烧制后成九龙，极富变化。（图2-31、图2-32）九龙壁下有方池，此池于乌云初起之时可见涵影。传说，旱魃时节，以池水浇龙身，辄雨。北京北海亦有九龙壁，蔚为壮观，不过其乃清代做造。比之北京北海的九龙壁，此大同九龙壁规模更大，而且还是明代所出。要考二处九龙壁彼此渊源若何，则须于窑业方面有所用心。

常盘大定于日本昭和十四年（1939）九月前来考察时，对琉璃瓦制作的九龙壁工艺技术感佩至深。方池乃称九龙池，在九龙壁前，左边有七块碑：

1. 九龙神迹　乾隆戊申秋
2. 嘉庆七年重修九龙壁
3. 重修九龙壁碑记　嘉庆七年
4. 灵迹显应　道光十九年
5. 重修九龙池碑记　□□十年
6. 重修九龙壁碑记
7. 九龙壁重修碑记　民国十七年

由此可知，从清代到民国，大同九龙壁已经数度重修。

此地安有栅栏，为保护九龙壁、九龙池闭门禁入。然而，在栅栏朝外右边，却有立于1908年葡萄牙语（是否葡萄牙语，姑且存疑）的碑刻。此碑两边还刻有以

下联句：

克七修真舍己身

绝三谋道忘其生

此碑或是纪念为传教而献身的传教士亦未可知。

（常盘大定 文）

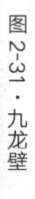

图 2-31 · 九龙壁

图 2-32・九龙壁

山西交城

石壁山　玄中寺

玄中寺，在山西省交城县西北二十余里处，最早为北魏昙鸾祖师所建，李唐时道绰禅师再兴。寺内佛阁外壁，嵌有小碑，上记建造年代，曰"大魏第六主孝文皇帝延兴二年，石壁峪昙鸾祖师初建寺，至承明元年，寺方就"。盖昙鸾出生于北魏延兴六年（476），显然此碑文所记有误。碑文还记称，太和十八年（1494）崇修大会后甘霖降，唐德宗贞元十一年（795）再营大会，又降甘霖。对寺营大会而降甘霖事，撰文者似感铭尤深。碑文并记北魏孝文帝、唐代德宗皇帝及宪宗皇帝给玄中寺的赏赐。见玄中寺大庭甘露义坛碑文记载即知，所谓"大会"，即授戒仪式是也。至元代，改"律"为禅"，更名"永宁寺"，于今称大龙山石壁永宁玄中禅寺。（图2-33）《山西通志》卷168载，宋代龙潭禅师夜诵《华严经》时，有鸠、鸽二鸟，集之左右闻听；一日，二鸟俱坠地而死；县北坡底村荣氏，孪生二子，啼哭不止；龙潭禅师寻至，摩其顶，告其莫哭，果止；稍长，俱从师栖北沟西崖下龙堂，凡四十年，均坐化，故世称鸠、鸽二师；崖东有石庵，传鸠、鸽二师在此显迹，有遗像。《山西通志》又称，元僧安身多异术，故元世祖中统二年（1262）命安身为僧录司，并赐禅衣两袭；禅衣绣龙凤、山河，最是工巧，贮于寺库中，世世守为重宝，至今，犹新如故；并且，还有金代章宗的诗，以及万松老人、赵点和棒戢、元代的郝天挺、明代的陈轨、郑正等人的诗。

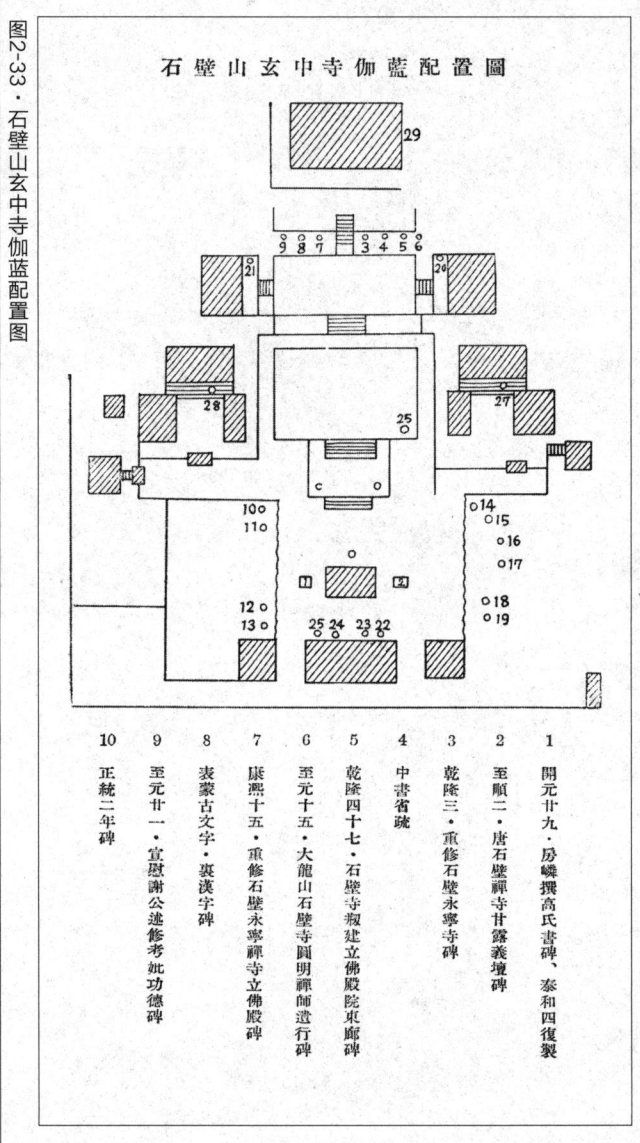

图2-33·石壁山玄中寺伽蓝配置图

1　开元廿九·房嶙撰高氏书碑、泰和四复製
2　至顺二·唐石壁禅寺甘露义坛碑
3　乾隆三·重修石壁永宁寺碑
4　中书省疏
5　至元十五·大龍山石壁寺圆明禅师遗行碑
6　乾隆四十七·石壁寺叔建立佛殿院东廊碑
7　康熙十五·重修石壁永宁寺立佛殿碑
8　裹蒙古文字·襄漢字碑
9　至元廿一·宣慰谢公述修考妣功德碑
10　正統二年碑

昙鸾

玄中寺的开山祖师昙鸾，雁门人氏（雁门，即今代州），故佛学者往往称之"雁门"而不言其名。唐道宣《续高僧传》卷6《魏西河石壁谷玄中寺释昙鸾传》载昙鸾其家近五台山，神迹灵怪，逸于民听，时未志学，便往寻焉，备觏遗踪，心神欢悦，便即出家；内外经籍，昙鸾具陶文理，而于《四论》《佛性》，弥所穷研；读《大集经》，恨其词义深密，难以开悟，因而注解；文言过半，便感气疾，权停笔功，周行医疗；行至汾川秦陵故墟，忽见天门洞开，由斯疾愈；欲继前作，顾而思命，惟危脆不定其常，长年神仙往往间出，心

愿所指修习斯法，遂往从金陵道士陶弘景，梁朝大通年间，南下至梁武帝朝廷，遂得应允，而至弘景处，弘景悦，授与仙经十卷，昙鸾得之，即还归北之途；过洛阳，逢菩提流支，鸾往启曰："佛法中，颇有长生不死法胜此土仙经者乎？"菩提流支唾地斥仙经，即授以《观无量寿经》为大仙方，鸾寻顶受，所赍仙方并火焚之，入解脱生死之道；嗣后，自行化他，流靡弘广，魏主重之号为神鸾焉，下敕令住并州大寺；晚复移住汾州北山石壁玄中寺，时往介山之阴，聚徒蒸业，今号鸾公岩是也；以东魏兴和四年（542）寂于平遥山寺，春秋六十有七，云云。（图2-34）

《魏西河石壁谷玄中寺释昙鸾传》还载曰：

临至终日，幡花幢盖，高映院宇，香气蓬勃，音声繁闹，登寺者并同瞩之。以事上闻，敕乃葬于汾西泰陵文谷，营建砖塔并为立碑。

道宣在《道绰传》中称"中有鸾碑，具陈嘉瑞，事如《别传》"。《别传》者，即《昙鸾传》，以上记述即据此鸾碑而作成。关于塔与碑，道宣记曰"今并存焉"。据闻道绰系见碑而入道，其所见者，当是此碑。碑在文谷，故应在玄中寺附近。沿文水而上，现存寺墓有二，其中有一处必是当时的昙鸾墓，只是于今未详孰是。有关昙鸾祖师撰著，道宣所举者有《安乐集》，此莫非早先所作《往生论注》乎？

自太原府往西南行五十里许，即抵晋祠；更往西南行三十里许，至清源县；再往西南行四十里许，达交城县；从交城县往西行十里许，至安定村；从安定村向北行十里许，溯文水谷，便抵玄中寺。《山西通志》载：

石壁山在交城县西北二十里。叠嶂周环，拱列如壁。南有石崖，峭削百仞。唐建石壁禅寺，今为永宁寺。

虽然《山西通志》有关玄中寺创建年代记载有误，但是，其所描写的玄中寺所在位置及其环境，还是符合实际的。其幽深实难以言表。在抵寺之前，先可望见屹立于一山丘上的二层砖塔，此塔似为元代建造。（图2-35）《山西通志》所言"峭削百仞"，即此山丘。玄中寺就在山丘北面。

玄中寺的建造格局为——先是天王殿，在天王殿前方左右两侧有鼓楼与钟楼，再穿过一小观音殿，即来至大雄宝殿。大雄宝殿曾为火焚毁，至今尚未重建。在其左右两边，是方丈、知客堂、厨房对面相望。往殿后面再登高一层，此处左右两边有接引堂、准提堂，亦是对面相望。再往崖壁上去，则至千佛阁，此千佛阁乃在石壁山腹中。与玄中寺建在山中人迹罕见之处相同，作为修禅道场，此千佛阁建在山腹中，其意义方能显见。一个修禅道场，能有如此规模，且能幸存至今日，实不负有一千四百五十年悠久历史的千年古刹之美名。（图2-36、图2-37）

寺中值得注目者，有千佛阁中的铁佛，以及遍散玄中寺内的诸多石碑。铁佛摆在千佛阁内三处七级台阶的坛上。常盘大定于日本大正九年（1920）十月二十七日到访，当时共有铁佛约225尊，俱为结跏趺坐像。其中，大约139尊造型完全一样，即无莲座，右手上举，左手下垂，两手掌均开，拇指与中指、无名指略曲，似施说法之印相，俱法相庄严，悲智圆满溢于眉宇间。铁佛高约二尺四五寸，有在正面正中下方烙有铁印者，也有除了刻有捐献者姓名之外，还刻有如"三十七尊"或"第×尊"一类文字。之所以造型完全一样，原因即在于其铸造为同一模具所出。据奥村伊九良氏日本大正十五年（1926）十月考察报告称，千佛阁铁佛中，见有宋代建中靖国元年（1101）、崇宁三年（1104）、大观二年（1108）、大观三年（1109）的烙记。由是可知，此乃北宋徽宗时期铸造的铁佛。后出的《铁弥勒像颂碑》，碑文中所记述的唐开元年间铸造的铁弥勒像，明显已是无踪无影。后出的元代至元二十一年（1284）《宣慰谢公碑》碑文中载"寺中古有千佛铁像，代经丧乱亡失，仅存者百余尊"，其所指者，当属此等铁佛。与斯相陪衬者，乃是一些个体稍小的铁佛坐像，凡八十六尊，俱结跏趺坐于莲座之上，两袖前合，为入定相。如此小铁佛，其类有二，俱系明代铸造。（图2-38）

千佛阁中藏有如此之多的铁佛，然而唐开元二十六年（738）铸造的铁弥勒却不见踪影，实在是非常可惜。玄中寺于宋、元二代遭受火灾，致使铁弥勒被焚毁亦未可知。寺内诸碑，大小新旧达三十余座，重要文物如下所记。

一、特赐寺庄山林地土四至记　唐长庆三年

二、铁弥勒像颂　唐开元二十九年立，金泰和四年重立

三、甘露义坛碑　唐元和八年立，元至顺三年重立

四、宽公法行记碑　元大德十年

五、宣慰谢公述修考妣功德之记　元至元十一年

六、蒙古文字碑

（常盘大定　文）

图 2-34·雁门关·代州

图 2-35 · 石壁山 · 玄中寺山中砖塔

图 2-36·石壁山·玄中寺全景

晚清民国时期中国名胜古迹图集·第捌卷·山西交城

图 2-37 · 石壁山 · 玄中寺全景

图 2-38 · 石壁山 · 玄中寺 · 千佛阁铁佛

千佛阁左侧外墙壁面嵌有一小碑，题曰"特赐寺庄山林地土四至记"。此碑立于唐代长庆三年（823），碑文明记自北魏孝文帝，以及唐代德宗皇帝、宪宗皇帝，共三朝皇帝赐予该寺土地、田庄一百五十里有余，并期冀玄中寺百世安然。碑文记，北魏孝文帝延兴二年（472）（前文已述，玄中寺初创并非北魏延兴二年）昙鸾初创玄中寺；之后，北魏太和十八年（494）崇修大会而甘露降，感甚，是以太和十九年（495）特赐寺庄；至唐贞元十一年（795），又营大会，甘露祥瑞再现，德宗皇帝重赐玄中寺；后于唐元和七年（812），宪宗皇帝予玄中寺三度恩赐，云云。有关皇帝对玄中寺的恩赐，由后来所立的《甘露义坛碑》可知，德宗皇帝重赐玄中寺的唐贞元十一年，即是比丘慎微建义坛以立志苦心修为的两年之后。宪宗皇帝予玄中寺三度恩赐的元和七年（812），则正是立义坛碑的前年。至于千佛阁外壁所嵌小碑《特赐寺庄山林地土四至记》所记的"大会"，其实就是行授戒仪式的大会。每举行授戒大会，便有甘露祥瑞现，小碑特记此事，以铭其感。其实又何怪之有？此类事大有前例可追。至少有庐山东林寺甘露戒坛为范本，之所以戒坛冠以甘露之名，盖出于甘露乃其祥瑞之缘故。

玄中寺的甘露坛，与长安灵感坛、洛阳会善坛并列为天下三戒坛，此事亦见载于寺中的《甘露坛碑》及《宣慰谢公碑》。故知，玄中寺自六朝始，经唐、宋二代，均以律宗之寺而名闻天下。后从律宗转为禅宗而成禅寺，则是在元代至元年间，此事在《宣慰谢公碑》中有记。（图2-39）（常盘大定 文）

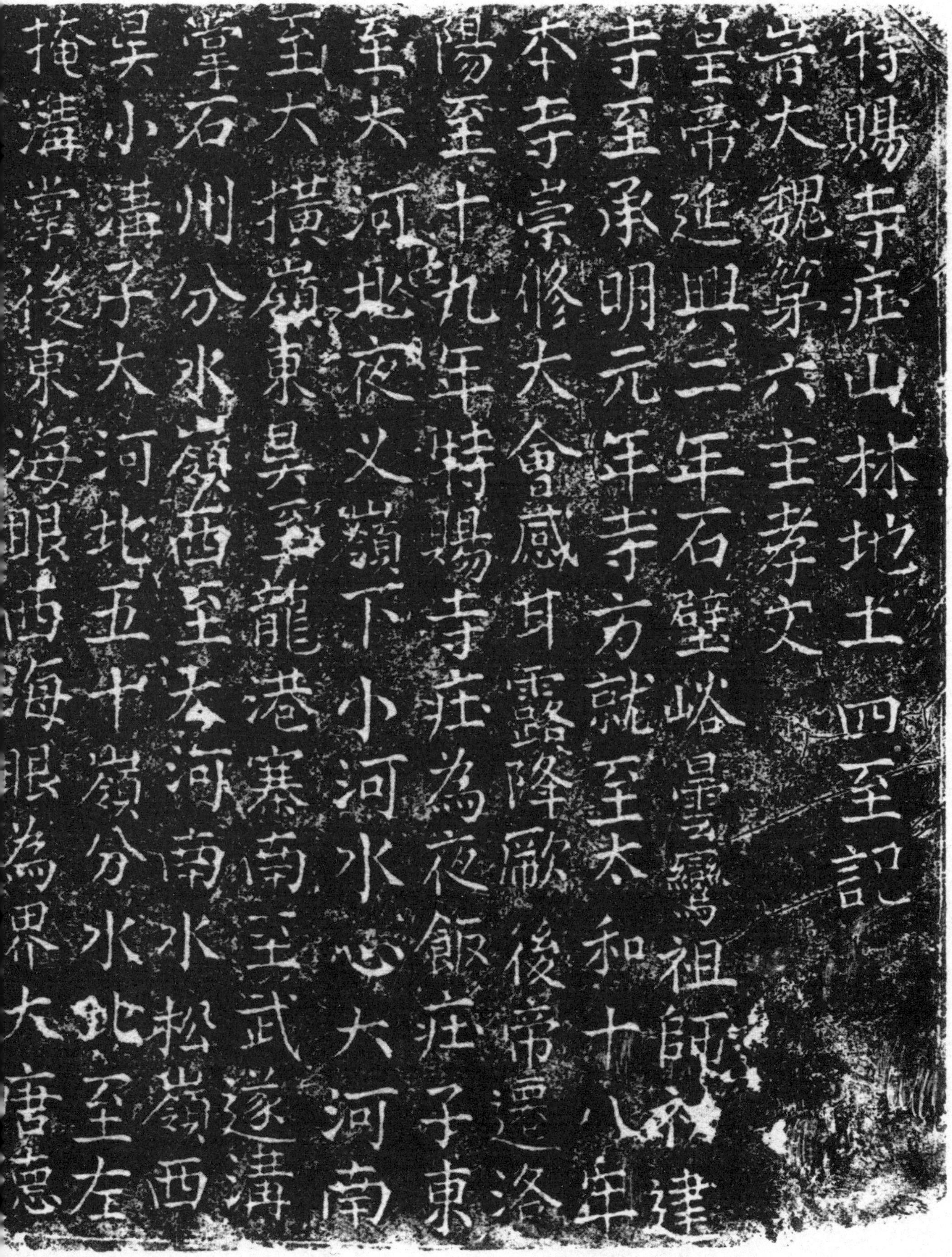

特賜寺莊山林地土四至記
當大魏第六主孝文
皇帝延興三年石壁峪曇鸞祖師於
寺至承明元年寺方就至大和十八年建
本寺崇修大會感其露降歇後帝還洛
陽至十九年特賜寺莊為夜飯莊子東
至大河地夜义嶺下小河水南大河南
至大横嶺東吳羅西至龍港寒南至武遂溝西
至石州分水北嶺分水北松嶺至左
掌小溝子大河北五中嶺分水北大唐慈
掩濤掌後東海眼西海眼為界

铁弥勒像颁碑

此碑立于唐开元二十九年（741），林谔撰文，房嶙之妻高氏书。铁弥勒像颁碑以字书简古、笔力遒劲而驰名，好事者寓名以签文，视为珍品。现碑为金泰和四年（1204）寺主元钊据旧墨本再刊重立，重立铁弥勒像颁碑之缘起载于碑末跋记。铁弥勒像颁碑背面镌有寺主元钊像。碑文载，此地古称石壁谷，隋代属西寿阳县，迄唐，改寿阳为文水，从文水分置交城县，并于此地立寺；太宗皇帝巡幸北京时（此"北京"者，即当时的太原），文德皇后染疾，栖于此寺，礼谒禅师绰公，并送寺诸多珍宝作香火以表心愿；太宗皇帝归京后，诏天下名山形胜俱建梵刹，一报佛门庇佑之力，二为广弘佛门真谛；及禅师寻终，官寺初创，分身建塔，其遗迹岿然；继后，瓘润脱三僧修伽蓝，毅本玄三僧造山阁，邑宰敦煌张公力襄其成，致寺极尽轮奂之美；斯时，寺中僧众、合县诸吏、乡里三老，发像设皴铸之愿，并醵布施，张公为其所动，先舍俸钱，咨上座贤能，遂以唐开元二十六年（738）铸铁弥勒像一尊；顷者，都师思九，先患两足，医巫竭精，忍苦强步，当监理之夜，忽觉轻举，及成像之日，拽空如初；时寺有上座普敬、寺主惠玭、都师思九、法师元琰、大德茂忠、守讪、常念、宝定等法裔，云云。（图2-40）

（常盘大定 文）

中兴唐代之道绰

据铁弥勒像颁碑文所载，道绰禅师乃中国佛教青史留名者。道绰禅师名道誉，达闻于太宗皇帝。文德皇后染疾之际，太宗皇帝亲自临幸若兰，礼谒道绰禅师，发愿报答佛祖无边法力，后为报佛门佑力而赐紫禁之恩。此事，既见载于道宣所撰《续高僧传》，亦记于千佛阁壁碑文。太宗巡幸离此玄中寺不远的晋祠，却留予此寺名闻遐迩的御制书、碑。太宗皇帝既到彼地晋祠，又到此处玄中寺，此绝非子虚乌有。记道绰禅师生平，最可凭信者莫过于与道绰同时代的道宣《续高僧传》卷20之《唐并州玄中寺释道绰传》。《唐并州玄中寺释道绰传》记道绰曰：道绰并

州文水人，十四出家，宗师遗诰，大涅槃部，偏所弘传；晚事慧瓒禅师，尤倾心同乡先哲昙鸾祖师净土诸业；恒在汶水石壁谷玄中寺，以讲无量寿观为业；年登七十，忽然龀齿新生，体健容色盛发；并劝人念弥陀佛名，或用麻豆等物而为数量，或常自业穿诸木栾子以为数法，遗诸四众教其称念；自绰宗净业，坐常而西；才有余暇口诵佛名，日以七万为限；昔昙鸾念佛，得今日道绰之力而至大为流传，云云。道宣《续高僧传》云："绰今年八十有四，而神气明爽，宗绍存焉。"道绰著《净土论》二卷，于今称作《安乐集》者，即此二卷《净土论》是也。

世传因为得见昙鸾碑，致是道绰修净业。盖道绰生于文水，而文水乃玄中寺所在之地，道绰早先就已慕圣迹而住玄中寺。玄中寺内有昙鸾碑，具陈嘉瑞降斯、佛陀垂迹，道绰因而感铭至深并入昙鸾法门，此亦理所当然。据道宣《续高僧传》所记，道绰于唐贞观二年（628）四月八日知自己大限已到，并通告远近，闻而赴者，满于山寺，咸见昙鸾祖师在七宝船上，告道绰禅师云："汝净土堂成，但余报未尽耳！"

《佛祖统记》卷39载，唐贞观十五年（641），善导法师至西河，见道绰禅师。西河，乃文水玄中寺所在地域，道宣述昙鸾时言及西河，故知其所在。统而言之，玄中寺乃昙鸾祖师所创，道绰禅师恒住于斯，善导法师与道绰禅师即在此会面。（常盘大定 文）

图2-40·石壁山·玄中寺·铁弥勒像颂碑拓本

再兴金代之元钊

据碑刻跋文载,玄中寺乃唐太宗创兴,北宋元祐五年(1090)遇火灾,堂殿十有七八被焚。是时,此碑亦罹灾被毁。至宋徽宗政和年间,寺主道珍再建堂宇,并刻碑石。但金代大定二十六年(1186),玄中寺再遇火灾,殿宇禅房,以及石碑,悉数在劫难逃,全被焚毁。及至大法师元钊依所请住持此寺,重建法堂,甚感此碑被毁可惜,发愿将依照旧藏墨本再刻石碑。净悟、静演等人知此事,得好事者助缘,以再建之,时为金泰和四年(1204)。此碑跋文撰者姓名已经剥落,不知其出自何人之手,实在可惜。在《石墨镌华》之"年代"部分,此碑尚有一字可读,即"□苑"。根据石碑的背面判断,似是万封比丘德苑(译者注:此处原文似有误,从后文来看,应为"万卦比丘德苑"才对)。

关于碑文书写者高氏,欧阳修《集古录》所录自周、秦以下至五代后周显德年间的千卷古文中,唐朝部分占其十之七八,其中,所见女性墨宝,唯是高氏一人。高氏手书并刻石以记者,存至今日,仅有二碑,即此碑及安公善政颂碑。而二碑笔画字体却大不相同,几乎可说绝非出自同一人之手,怀疑或是好事者寓高氏之名以为奇。北宋初,欧阳修集录之时,玄中寺尚未遇火灾,因此,其所收录者必不是于今碑文之拓本。

于《石墨镌华》所见,高氏所书碑文,笔法遒劲,堪称名家。而经罹元祐年间及大定年间的火灾,至泰和年间再刻,此时,字刻已是锋芒俱失,仅剩形似。此碑刻变迁之原委,已为跋文娓娓道来,亦凿凿有据。显然,此碑字书者,当是高氏无疑。

石碑背面阴刻钊公像。但见其身披袈裟,着染衣,手执麈尾,安坐于绳床之上。钊公蓄须留发,与常有异,盖宋元时期僧人留发蓄须者罕少。刻像上部有镌文。(图2-41)

所谓钊公,即是元钊,仅见在此碑留其名。此碑正面碑字的跋文部分,附有元钊小传,称元钊文阳横沟里人,偏历讲筵,始及立岁,遂专开演;先以大定八年(1168),杖锡河南,又扣名师,传大乘戒,至郑州囿田,应众请住持福祥院十五余年。大定二十一年(1181)还乡,众又请住持本寺,即重建法堂,于两处住持,度门弟子十八人,云云。尔后,历五年,玄中寺再度遭遇火灾,一切荡然无存,是以钊公再次重建。

碑末题赞钊公像者,曰"万卦比丘德苑",表明其乃万卦山天宁寺住持。万卦山,位在交城县城北高处。(常盘大定 文)

剑公大法师于脱
俱高福惠董普中
兴本寺诚有力焉永
山师悟演二监寺
念工匠
师真刻之于石焉
卦比丘德苑稽首
赞曰
鹤髭修眉松姿玉骨妙解
三乘余钟五福蕴德如山
应机若谷巨刹中兴群生
悦伏稽首和南
人天眼目

图 2-41 · 石壁山 · 玄中寺 · 铁弥勒像颂碑阴面钊公像拓本

唐甘露义坛碑

唐《甘露义坛碑》乃尚书李逢吉撰文，立于唐元和八年（813），碑文记述此寺戒坛之事由。昔时有"三都三坛"之称，然何谓三都三坛，于佛教史上鲜为人知。故此《甘露义坛碑》所载，于佛教史而言，不可谓不是裨益甚大。《甘露义坛碑》曰：

而我三坛，角于三都。在西都曰灵感坛；在东都曰会善坛；在北都曰甘露坛。

由此可知，与西都长安灵感坛、东都洛阳会善堂齐名，此寺甘露戒坛与前面二者共为名闻天下之国中三戒坛。

据《元和郡县志》记载，唐武德元年（618）罢太原郡，为并州总管。武德七年（624），改大都督。武则天朝天授元年（690），罢都督府，置北都。唐神龙元年（705），依旧为并州大都督府。唐开元十一年（723），以太原为帝业兴发之地，又建为北都，改并州为太原府。唐天宝元年（742），改北都为北京。此甘露义坛碑被立之时，当为天宝以后，而北都则是三都之称由来已久，故依旧制。《金石续编》载，西都灵感坛虽无稽考，然当为唐乾封二年（667）道宣律师所建净业寺戒坛，戒坛就在终南山北沣福之阴清官乡。东都会善坛，则应是唐大历二年（767）一行、元同所创建的嵩山会善寺戒坛无疑。

长安西明寺律僧道宣，以唐乾封二年（667）创终南山北净业寺，从道宣所著《戒坛图经》可知其详。道宣清楚记载北净业寺戒坛位置，称为终南山北沣福之阴清官乡净业寺。显而易见，戒坛并不在道宣所在的西明寺内。

然而，《山西通志》卷28却称据玄中寺碑记载，西明寺于唐贞观末改为灵感寺。《山西通志》又援引《贾志》记载，谓灵感寺为道宣修行处，寺中有净土坛，云云。如此一来，灵感寺就在府城之内，事情也就变得混乱不清。玄中寺碑刻所云唐贞观末（649）改西明寺为灵感寺，此言明显违背事实。因为《戒坛图经》已经载明，即唐乾封二年（667）才有西明寺，并且，《贾志》称灵感寺为道宣修行处，故于此处有净土坛云云，恐怕亦系终南山北戒坛之讹传。于今，藉《山西通志》以知灵感寺与道宣之关系，事亦足矣。

如上所述，玄中寺内有戒坛，此戒坛于国中屈指可数，为天下三戒坛之一。凡此，乃始知于寺中甘露义坛碑记载。由于有此戒坛，从而也就表明玄中寺在当时佛教界的地位何其显耀。碑文还言及文德皇后与道绰禅师，曰：

感文德先后，聆神钟，椒仁祠之绩，嘉道绰大士，精修禅观，跻净界之风。

文德皇后与道绰禅师的关系，亦见于先前所述的铁弥勒像颂碑。

甘露戒坛为比丘慎微筹措营建，规模之宏伟可与两京戒坛相匹，以补斯邦之阙典。比丘慎微，殚精竭虑，苦心经营，自贞元癸酉（793）岁始，迄丁丑（797）之年，历四年整，方告功成。坛分三层，步以贞础，极土木之工。当时，授戒法师贪婪弊出者有之，弟子犯怠堕之失者有之，佛门法度松弛，正是佛教式微之世。于斯时斯世，建此戒坛，实予当时佛门有莫大提振作用与影响。自汉明帝金人入梦，致是佛法东流以来，此时佛教已盛世不再。当时，节度观察使礼部尚书李公与监军使，共向朝廷表请赐名，曰"甘露无碍义坛"。比丘慎微，本姓齐氏，生于蓟，乃姜水旧族，渔阳德门。后出家，属本郡悯忠寺，修经究律，主演《中律》，常传戒法，游方至此地，慕道绰大士之古风，认此为圣域而始经营之。

从千佛阁壁碑可知，玄中寺以北魏时期与唐代两次现甘露祥瑞于授戒大会之时，甘露坛之名乃缘出于此。戒坛与甘露二者之关联，最早起源于东晋时期，是时庐山东林寺戒坛现甘露祥瑞，下迄宋真宗朝，承天甘露戒坛、奉先甘露戒坛之名世有所闻。观其名，已知甘露与戒坛，二者联袂相随已然司空见惯。

此甘露义坛碑与铁弥勒像颂碑同，亦属经历宋代与金代二度火灾之后于元代至顺三年（1332）重立。碑文末行书"特赐龙山石壁护国永宁十方大玄中禅寺"，其中"玄中"为古名，"永宁"则至元朝一代时才加上去，"龙山"乃群峰之总称，"石壁"系龙山诸多峰峦之一。常盘大定于日本大正九年（1920）10月首次到此考察，基于对佛教史的研究而留意此碑。嗣后，于日本大正十三年（1924）托庆应大学学生宁超武将碑文拓下，只是，碑文并未拓全，尚有缺，故于次年，即日本大正十四年（1925），托交城县解九箴氏再次拓印。（图2-42）（常盘大定 文）

图 2-42・石壁山・玄中寺・唐甘露义坛碑拓本

宽公法行记碑

据史载，宽公名从宽，太原西岚人氏，七岁拜石壁永宁寺寂公首座为师。龙光禅寺创建于元世祖开平年间，寂公被迎往此寺为住持。时年宽公十六岁，即孤身跋涉2000余里，从师学法。宽公修禅不懈，结跏坚坐，凡十有余年。一旦恍然彻悟，卒传向上衣钵，而成佛学宗师。宽公又于都城巽隅筑观音精舍。元大德庚子年（1300），敕其总摄上都释教事。宽公师兄弟有永宁寺住持长老从和、提点从焕等，永宁寺为唐、宋以来大寺名刹，并不乏提纲挈领之人，然毕竟没人可出宽公之右，是故，特嘱翰林李皞撰文立碑，以让宽公法行得于流传百代千岁。元成宗大德十一年（1307）立碑，碑刻背后有万卦住持普德所撰赞文，赞文言及昙鸾、道绰二祖，甚是值得瞩目。万卦住持普德所撰赞文证实宽公修禅的同时也念佛。

（图 2-43、图 2-44、图 2-45）

碑刻背面赞文：

噫，龙山宽公僧录大师者，有拏云之手段，具握雾之心胸，是龙山大禅伯之亲孙，

乃翰林李皞辈之胜友，真可谓蒺林之主宰，释氏之梯航也。

万卦住持沙门普德，望云而赞曰：

平生勋业冠河东，气吐虹霓万丈雄。

莫道龙山无凤翼，续他鸾绰播清风。

门人　洪演　洪才（以下略之）（常盘大定 文）

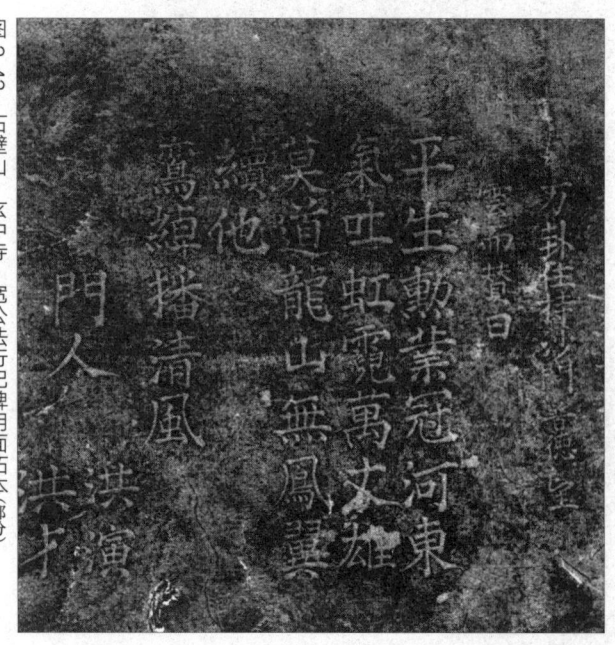

图 2-43·石壁山·玄中寺·宽公法行记碑阴面拓本（部分）

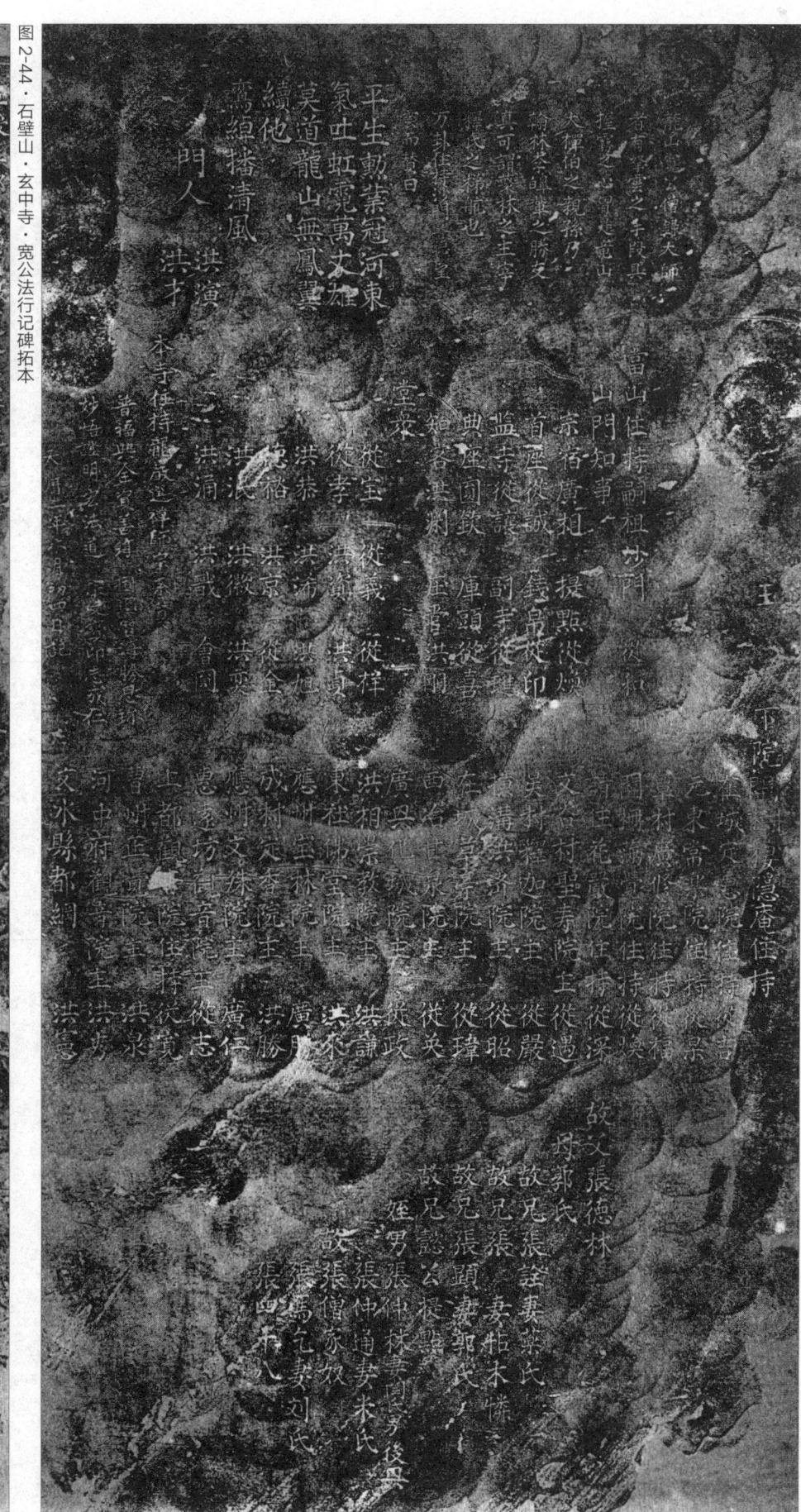

图 2-44 · 石壁山 · 玄中寺 · 宽公法行记碑拓本

图 2-45 · 石壁山 · 玄中寺 · 宽公法行记碑阴面拓本

宣慰谢公碑

宣慰谢公碑乃元至元二十一年（1284）为住持广琼所立，漆伯善撰文。碑文起笔曰：

> 圣朝革律为禅，赐号永宁禅院。

由此可知，玄中寺自李唐一代置甘露义坛以来，一直就是律宗寺院。但迄元初，却改律为禅，同时，玄中寺的名称也改为"永宁寺"。碑文末行见有"大龙山十方护国石壁永宁禅寺"，即其然也。于铁弥勒像颁碑跋文所记之钊公，此时正是本寺监寺者。宣慰谢公碑文辞虽简，但于此寺的历史与变迁，却可谓是凿凿史料。现称"永宁玄中寺"，实际上是旧名新名合二为一。

碑文颂宣慰谢公功德广大，述宣慰谢仲温继承父母遗志，将寺中千佛铁像缺毁者补充完整，并上金身。有关千佛铁像，碑文称：

> 寺中古有千佛铁像，代经丧乱亡失，仅存者百余尊。金季兵荒……

"千佛铁像"者，毫无疑问，指的就是现存千佛阁中的约一百三十九尊铁佛像。但从碑文中却知，此一百三十九尊铁佛乃宋代所铸，而且，从碑文还可知，谢公父母营筑千佛阁，以让此一百三十九尊铁佛有安身之所。（图2-46）（常盘大定 文）

元碑

与玄中寺中所存元成祖元贞元年（1295）安公僧录碑相比，此碑见有"牛儿年"一辞，莫不是己丑年，即元代至元二十六年（1289）。当时，成吉思汗给安僧录的圣旨被勒石以示，即为是碑，内容无非是免课寺院房产粮税，并不许掠抢寺院的园林、水碾等。《金石萃编补正》中辑有元天宝宫圣旨碑，以及元洞林寺《藏经记》碑阴五截，所载文辞基本相同。（图2-47）（常盘大定 文）

图2-47·石壁山·玄中寺·元碑正背两面拓本

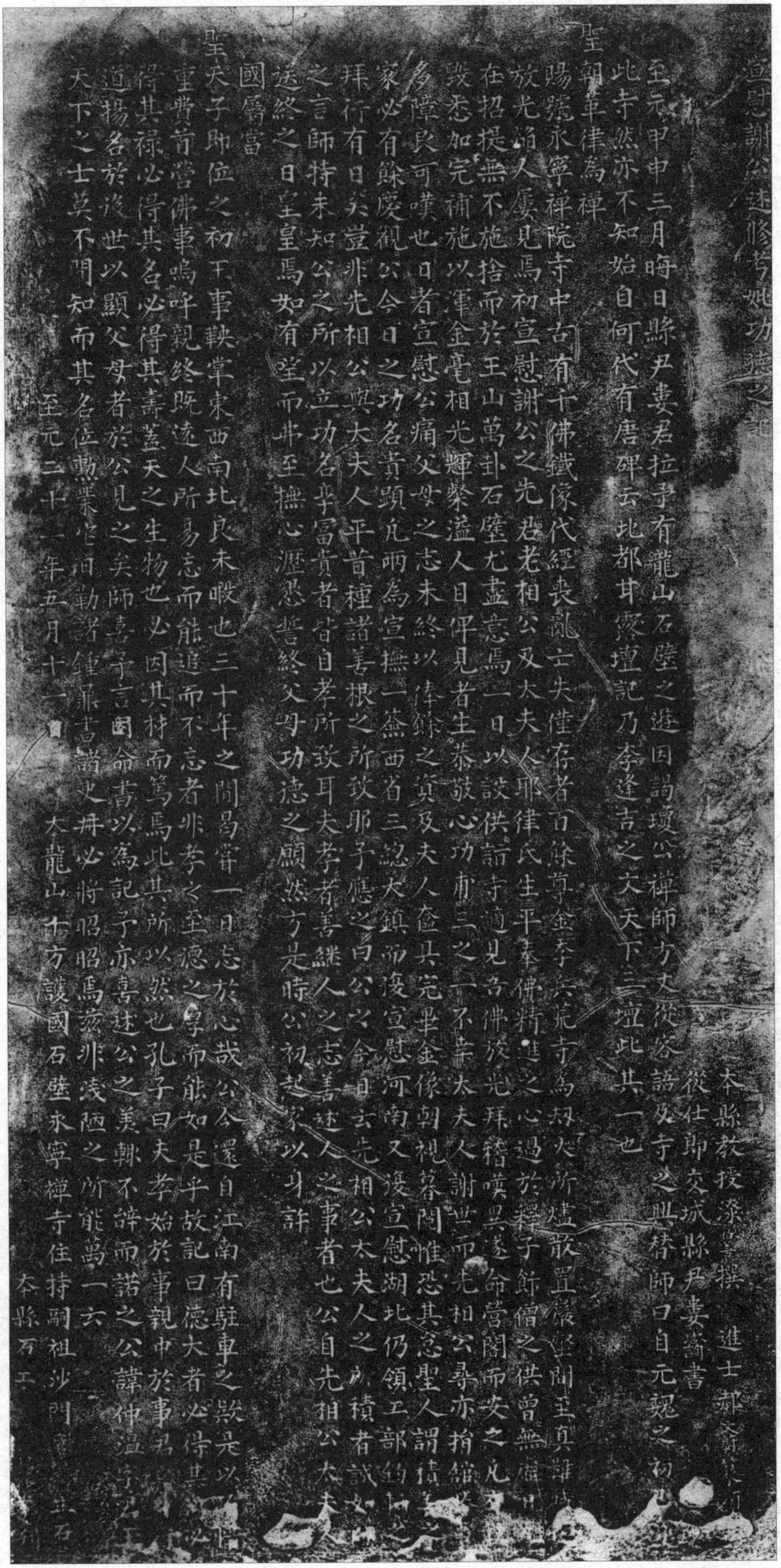

图 2-46 · 石壁山 · 玄中寺 · 宣慰谢公碑拓本

住持墓塔

流经玄中寺前的溪谷曰"文水",从安定村往玄中寺的山道称"文水谷"。每当沿此山道而行,山幽境胜之感油然而生。文水岸边有墓群两处,玄中寺历代住持墓塔皆建于此。观其年代,悉数尽为元代之后,而未见有两宋以前。闻名遐迩的鸾碑,立有此碑的砖塔被认为原先就在此两处墓群中的某一处,只是于今已莫能辨。(图2-48、图2-49、图2-50、图2-51)

玄中寺的照片为常盘大定于日本大正九年(1920)10月再度到此考察时所拍,拓本多为庆应大学学生宁超武于日本大正十三年(1924)所拓。（常盘大定 文）

图2-48・石壁山・玄中寺住持墓塔

图2-49・石壁山・玄中寺住持墓塔

图 2-50 · 石壁山 · 玄中寺住持墓塔

图 2-51·石壁山·玄中寺住持墓塔

万卦山 ｜ 天宁寺

　　天宁寺位在卦山中腹。从山麓顺羊肠小道逶迤而行，但见山道两旁长有桧木，此木可谓珍稀树材。山谷间，清清溪流潺潺而过，道旁山亭迎候。石阶通往高处，未拾级登阶之前，已可先观仰散落于依稀树影间的门廊殿宇。

　　天宁寺始建于唐贞元二年（786），至于后来五代、宋、元时期，天宁寺如何沿革变迁，则不得而知。明洪武九年（1376）、明嘉靖年间、清康熙四十七年（1708）、清康熙五十三年（1714），天宁寺几经修缮，故于今门廊殿堂井然。天宁寺地势高低凹凸不平，坡甚陡。为此，整体布局不以地形高低为考虑，而以中轴为主线，在其左右两侧，均匀整齐配置门廊殿堂。整体建筑构思可谓非常大胆。先是几十级台阶拾级而上，而后见山门，山门左右两边绕有回廊，山门正面乃一大殿，气势轩昂，曰"南佛殿"。穿南佛殿堂过，拾级而上，又至一中庭。中庭左右两侧与山门处所见回廊相接，中庭前方坐对观音殿。观音殿后建有高坛，高坛上筑毗卢阁，阁高三层，巍然屹立，俨然冠盖全山。自山门行往高坛毗卢阁处，过道正面两边，均有点缀。山门里面，有宋政和壬辰年（1112）张仲纲题名的碑刻。后山有题名为宋崇宁乙酉年（1105）的行书碑刻，以及元至元二年（1265）的碑刻。寺内还有若干值得观瞻之处，如后山的两座塔婆；位于观音殿东面的华严经塔；隔着后山西面山梁立于高丘之上刻有元代铭文的五个僧人墓塔，以及与此墓塔年代大致相同的九座雕工精美的石塔。

　　以上乃常盘大定参考日本明治三十九年（1906）探访此地的塚本靖博士所记以及结合自己的考察撰述而成。（常盘大定 文）

唐碑

　　此碑已被剥蚀大半，仅遗部分文字，至于建于何时，究竟何碑，俱不得而知。只是，若从碑冠的形制看，应是唐碑才对。从碑刻仅存的文字看，乃是住于万卦山中某法师的道行碑。碑文中有"邈如天成，及弱冠"，有"于至德初"，有"业敬土教，行般舟行"，有"搜揽华严，句礼一周，文批千递，遂愿造九会之像设"，以及"乃振锡而选山择胜，至交城县之乾隅"。"至德"年号，系唐肃宗即位初年（756），故此碑被立时间或为唐大历年间亦未可知。此道行碑所记法师行业中，以特色论之，有两件事值得一提：一是业净土之宗；二是奉《华严经》以发愿造九会像设。（图2-52、图2-53）

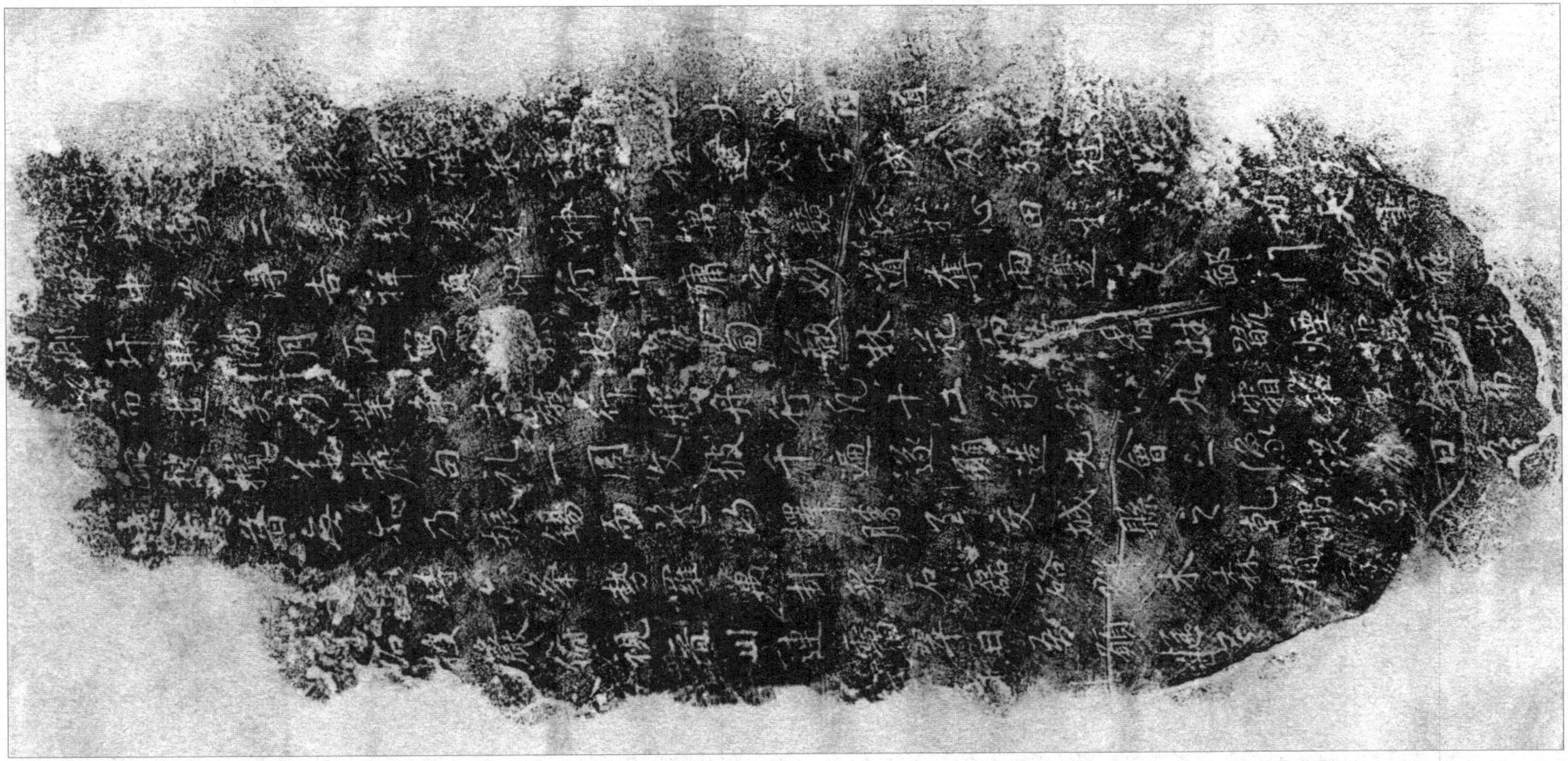

图 2-52 · 万卦山 · 天宁寺 · 唐碑

图 2-53 · 万卦山 · 天宁寺 · 唐碑拓本

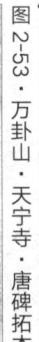

石塔

天宁寺中，最值得观瞻之物为三座石塔，俱造自唐、宋二代。

一是位于奎星阁畔的华严经塔（图2-54）；

二是位于毗卢阁后右方的石塔（图2-55）；

三是位于毗卢阁后左方的石塔（图2-56）。

图 2-55·万卦山·天宁寺·毗卢阁后右方石塔

图 2-56·万卦山·天宁寺·毗卢阁后左方石塔

图 2-54 · 万卦山 · 天宁寺 · 奎星阁畔华严经塔

住持墓塔

佛寺的住持墓塔因地域不同而造型各异。万卦山中住持墓塔，亦具典型的万卦山特色。此等墓塔，似悉数出自金、元二代以后。（图2-57、图2-58、图2-59）

天宁寺的照片系日本大正十三年（1924）夏天常盘大定委托太原市美丽兴照相馆老板拍摄。（常盘大定文）

图2-57·万卦山·天宁寺·住持墓塔

图2-58·万卦山·天宁寺·住持墓塔

图 2-59·万卦山·天宁寺·住持墓塔

山西赵城

广胜寺

广胜寺位于山西省赵城县东南四十里之霍山上。《平阳府志》卷33、《山西通志》卷168均见其载：

广胜寺二，一在霍山上，一在山下，汉建和元年建。栢万株枝尽南向，所谓广胜寺奇栢也。下有霍泉，旁有本观澜二亭。山上有飞虹塔，为阿育王藏舍利处，明永乐十四年修，正德间，僧达连重修，高三百六十尺……

今日广胜寺，观其大殿形廓，雄伟气势犹存。寺中塑像、壁画，尽管已在明代经过重修，但宋、金遗风尚在。广胜寺的上下二寺俗称上寺、下寺。《平阳县志》卷5《山川篇》之"洪洞县"条下载：山上有浮图，为十有三级，高三百六十尺，云云。(图2-60)称广胜寺建于东汉建和元年（147），此话实难置信。《赵城县志》卷27《旧志》载其"唐大历四年建"，此言似可凭信。《山西通志》卷91《金石记》称广胜寺飞虹塔相传为中国第二座阿育王塔，由是可知，此塔古时已名扬海内。（常盘大定 文）

图 2-60 · 广胜寺 · 八角十三层琉璃塔

金代《大藏经》

广胜寺中最受瞩目者，莫过于寺中所藏金代《大藏经》。(图2-61)

金代《大藏经》藏于塔前佛殿中，只缘历世太久，反而为世人遗忘，直至民国二十二年(1933)夏，因缘际合，遂为范成氏所发现。范成氏，同时还有北京"三时学会"的徐鸿宝氏，正筹措将其影印公诸于众。此金代《大藏经》之前乃世所莫知。其系卷子本，每行18字或19字，卷末多有刊识印记，年号记为天眷二年(1139)，以及正隆二年(1157)。由此获知，此《大藏经》系地方上善男信女中发愿雕版《大藏经》者，历时二十年而成之。卷首处佛画一端，录有"赵城县广胜寺"六字，因此，推察《大藏经》当时乃是在此广胜寺刊刻。在此《大藏经》《妙法莲华经》卷7，其卷末记有"天眷贰年乙未六月廿七日印毕，印经维那李惠济，如库人吉遇"。在此《大藏经》的《马鸣菩萨传》卷尾，有"印藏经会首僧祖美"之印，由此与《大藏经》有关联的人物已知二三。

此金代《大藏经》，比当今《大藏经》所收至少要多十几部。如下所示：

玄逸撰	《大唐开元释教广品历章》30卷
杨亿等撰	《大中祥符法宝录》22卷
吕夷简编	《景祐法宝录》21卷
	《瑜伽师地论道伦记》
清素	《瑜伽师地论义演》41卷
窥基	《因明正理论过类疏》1卷
	《天圣释教总录》
	《弥勒菩萨上生兜率天经疏》
	《阿弥陀经通赞疏》

(常盘大定 文)

图 2-61 · 广胜寺 · 金代《大藏经》

山西永济

栖岩寺舍利塔碑

栖岩寺舍利塔碑今在山西永济县，碑文乃贺德仁奉教以撰。从舍利塔碑文记载可知事几多。碑文载：

> 栖岩道场者，魏永熙之季，大隋太祖武元皇帝之所建立……南望华岳……北眺龙门……西抵秦渭……东拒晋汾……斯寔山川之爽垲，华夏之壮丽者欤……何则，时有否泰，道或汗隆，北周废佛，周氏季末，宪章版荡，毁法甚于坑焚，销像深于炮烙。

碑文又举隋高祖文皇帝拨乱反正之功，赞其复兴佛法之德：

> 监周室之颠覆，振释门之涂炭，爰发纶言，兴复像法。

碑文更称天下八十州同时造舍利塔，并述建塔于太祖所创之栖岩道场：

> 奥以仁寿元年岁次辛酉，爰兴睿想，乃发玺诰，分布舍利于八十州，赵十月十五日同时造塔。诏旨以斯福地，太祖善基……乃命有司，于此建塔。

继而叙斯时所见奇瑞，及隋高祖皇帝奉佛甚笃，讨得因缘，是有栖岩道场之建。又述栖岩寺初成之际，与天仙妙尼因缘际合：

> 忽有天女飘然来降，现尼形象，自号智仙。容仪姝妙，音词清雅。擎跽沐浴，摩顶赞叹，谓元明太后曰：此子天挺睿哲，相貌端严，方当平一区宇，光隆佛教……乃召匠人，铸等身像，并图仙尼，置于帝侧，是用绍隆三宝，颁诸四方。

太祖初构此道场后，作为法门龙象，应帝之命，高僧大德住持于此。高僧大德者，碑文举有道融、明达二人：

> 太祖爰初缔构，深属纲维，高选名德，为其规范。时有僧融法师，明达禅师，智刃锋颖，戒珠圆洁。

碑文还举襄助隋高祖文皇帝兴隆佛法的有功之人，计有河东太守正仪大夫陈公宝庆、□□□徐敏恭、司功韩仁迪、司户姬君靓、司仓郑希玄、司法韦修已等人。

隋代建造的舍利塔早已史上闻名。有关当时舍利塔建造的铭文，留存于世者，有七八片之多，传述当时建寺造塔的字书亦非鲜见。但不拘怎说，此碑毕竟立于彼时，其所载者，最可凭信。《唐弘明集》卷17收有隋高祖文皇帝《立舍利塔诏》、隋朝著作郎王邵《舍利感应记》，以及隋朝安德王雄等人《庆舍利感应表》，凡此，俱为隋代时人所书，足以凭信。隋高祖文皇帝《立舍利塔诏》颁于隋仁寿元年（601）六月十三日，诏国中三十州同时于是年十月十五日正午将舍利置于铜函石函中，并于此时起塔，至时，不拘天下何州，皆任人布施，钱限十文以下，不得超过十文，以充供养。次年，即仁寿二年（602）正月二十三日，又新扩五十一州以造灵塔。至此，国中造舍利塔者，前后合计共八十一州。王邵的《舍利感应记》、王雄等人的《庆舍利感应表》，所记栖岩寺的舍利感应最详。只是其所记述与栖岩寺舍利塔碑文多少有所出入，唯《庆舍利感应表》与栖岩寺《舍利塔碑》所记较为相近。（图2-62）（常盘大定 文）

图 2-62 · 栖岩寺舍利塔碑拓本

山西平遥

慈相寺

慈相寺在平遥县以东二十里的冀郭村，有八角九层砖塔一座，屹立在慈相寺外旷野中，几里之外便可望见。砖塔底座踞于基坛之上，飞檐呈不等边十六角状。最下面两层以短拱承轩；往上三层，则取中拱以代短拱；再上两层，改为出檐；最上面两层全无斗拱。每层四面壁上均錾佛龛并纳佛像。飞檐内壁，绘有佛像，塔顶则以宝珠饰之。(图2-63)

关于慈相寺砖塔的建造年代，《山西志辑要》之"慈相寺"条下载称，慈相寺在县东十五里冀郭村，唐无名禅师居麓台山，后还葬故山，宋庆历间建塔，高三百余丈，又名麓镜台，云云。由此可知，慈相寺砖塔乃是建造于宋代庆历年间。但《山西志辑要》所说的塔高三百余丈则与事实不合，倒是《山右金石丛编》记载的"塔九级，高十丈"更为真实。若细究之，由于在砖塔附近就见一刻有宋仁宗庆历六年（1046）铭文的石碑，因此认为此砖塔造于北宋仁宗庆历六年未尝不可。慈相寺内，大殿前有一断碑，碑刻题为"冀郭慈相寺无名菩萨神圣眼药图"，此乃慈相寺镇寺古图。无名菩萨，即上文《山西志辑要》所记的无名禅师。

上文根据日本明治三十九年（1906）到此实地考察的塚本靖博士的考察报告整理而成。

有关慈相寺关帝庙，似无需撰文介绍(图2-64)，只是关帝庙前有两石碑，值得留步观览。

1. 荆南玉泉山寺关将军庙记　金大定十三年（1173）
2. 慈相寺僧众塔记铭　金泰和元年（1201）

荆州玉泉山关帝庙闻名遐迩。

此补记亦与前文同，系参考塚本靖博士而撰述的。

（常盘大定 文）

图 2-63 · 慈相寺 · 八角九层砖塔

图 2-94 · 慈相寺 · 关帝庙

河北
赵州
| ZHAOXIAN COUNTY OF HEBEI PROVINCE

河北
正定
| ZHENGDING COUNTY OF HEBEI PROVINCE

TIANLONG MOUNTAIN OF SHANXI PROVINCE

TAIYUAN CITY OF SHANXI PROVINCE
PINGDING COUNTY OF SHANXI PROVINCE
YINGXIAN COUNTY OF SHANXI PROVINCE
YUCI DISTRICT, JINZHONG CITY OF SHANXI PROVINCE
DATONG CITY OF SHANXI PROVINCE
JIAOCHENG CITY OF SHANXI PROVINCE
ZHAOCHENG CITY OF SHANXI PROVINCE
YONGJI CITY OF SHANXI PROVINCE
PINGYAO COUNTY OF SHANXI PROVINCE

ZHAOXIAN COUNTY OF HEBEI PROVINCE
ZHENGDING COUNTY OF HEBEI PROVINCE

QUYANG COUNTY OF HEBEI PROVINCE
LINGSHOU COUNTY OF HEBEI PROVINCE
YUANSHI COUNTY OF HEBEI PROVINCE
SHUNDE COUNTY OF HEBEI PROVINCE
XINGTANG COUNTY OF HEBEI PROVINCE
DINGZHOU CITY OF HEBEI PROVINCE
BAODING CITY OF HEBEI PROVINCE
TONGZHOU COUNTY OF HEBEI PROVINCE

山西天龙山			□
山西太原	山西平定	山西应州	□
山西榆次	山西大同	山西交城	
山西赵城	山西永济	山西平遥	
河北赵州	河北正定 ━━		
河北曲阳	河北灵寿	河北元氏	□
河北顺德	河北行唐	河北定州	
河北保定	河北通州		

河北赵州

栢林寺

赵州在河北省京汉铁路高邑车站东北方向五十五里处。过城门，穿纤陌，来至市井人烟处，于正面右侧，即见一塔。此塔所在寺观，即栢林寺，俗称"白塔寺"，又称"古佛寺"，因旧时观音东院而得名。（图3-1）

日本大正十年（1921）10月27日，常盘大定到此游访。当时，栢林寺的大雄宝殿与大悲阁，均门庸紧闭，不得入，整个寺观已近荒废。在当时时世板荡之际，能超然世外孤高自傲者，唯此寺八角七层大砖塔。此塔南面，榜题"特赐大元赵州古佛真际光祖国师之塔"，其上供有青铜像。见其左手持一圆筒状物，只因距离太远，究竟手持何物，莫能辨。或许此人就是所说的赵州和尚。赵州和尚于晚唐昭宗朝大顺三年（892）在观音院寂化，享寿120岁，谥为"真际禅师"，后于大砖塔基座处造像志之。塔基座处还见有成道宝塔、神通塔、圆寂宝塔等铭文。莫非此乃所谓的"八大灵塔塑八方"？造像雕塑工艺技法越近今日越显拙劣。（图3-2、图3-3）

塔前立有明嘉靖十八年（1539）真定元峰撰写的重修塔碑。大雄宝殿前更立有刻于明成化十六年（1480）的灵塔记碑。此碑由临济宗二十四世惠昊撰笔。碑文称，塔修建于金代，以表旧制可遵，且赵州和尚入寂之际留有遗言，即圆寂后墓莫设，唯荼毗即可，云云。栢林寺大砖塔与临济寺清塔形制几乎完全相同。（常盘大定 文）

栢林寺大砖塔底层入口上方，题有"特赐大元赵州古佛真际光祖国师之塔"。此塔明显是元代建筑，但后世恐怕也已是几经修缮。砖塔建造，乃是先筑双层方坛，上承八角基座，基座雕饰极尽华丽，再于其上筑造莲台，莲台上更立七层砖塔。砖塔底层高度最高，第二层以上层高骤然降低，越往上升，塔身越是收窄。砖塔各层均以中拱承圆棰双轩，整体全为砖结构建筑。塔顶之上有相轮，相轮呈两头尖、中

间大，状同天宁寺木塔。（关野贞 文）

大雄宝殿后面有元代的月溪圆明朗碑。此外，还有大元皇帝的圣旨三通刻碑。所谓月溪圆明朗碑，系成吉思汗及世宗忽必烈皇帝给月溪禅师的诏书。旁边有明朝陈纪撰写的碑文，述栢林寺历史及月溪事迹。其文云：

按志及古碑，创建于汉，始名观音院，南宋中更名永安院，金天德中，改为栢林禅院。我朝国初，改今名……在晋唐，兴替无所考。五代时，祖师真际，化行燕赵，赐号古佛真际光祖国师。大元时，祖师月溪，禅价高重，赐

图 3-1・柏林寺・全景

号普照月溪大禅师。是二师者，先后相继，培植恢拓，亦至矣。

此碑文称柏林寺乃汉代所建，显然有误，至于其他，则基本符合事实。有可能是创建于唐代，初称"观音院"，赵州和尚住其东院。尔后，南宋中期，又改为"永安院"。至金代，改称"柏林禅院"。元代，有月溪禅师，远嗣赵州和尚之后，重振禅风，此系中国佛教史不争之事实。赵州和尚后来之所以被追谥为"古佛真际光祖国师"，不能不说月溪禅师其功甚焉。

常盘大定探访柏林寺之时（大正十年十月二十七日），见其正面后壁供有赵州和尚塑像。在其后面以及左右两面，三面壁上均嵌有石刻碑及赵州和尚半身刻像（图3-4），并有题字，如下所示：

赵州真际禅师真

　碧溪之月　清镜中头　我师我化　天下赵州
　　　　　　弟子赵王焚香拜赞

赵州和尚名从谂，据《赵州和尚语录》所附行状，赵州和尚原为曹州郝乡人，不过，《宋高僧传》则称其为青州临淄人。赵州和尚先是落发本州龙山寺，后受戒嵩山琉璃坛，唯染指经、律，从池阳南泉普愿，执心志定，错仰忘疲。得南泉密授，灭寂匿端。八十岁时，于赵郡开物化迷，大行禅道。真定帅王氏，抗拒朝命，然却偏归心于赵州和尚。赵州和尚最后坐化之时，将麈拂交与王氏，曰"老僧平生用不尽者物"。凡所举扬，天下传之，号赵州法道。《赵州和尚语录》大行，为世所贵。和尚八十岁传道，一百二十岁入寂。赵王造雁塔，竖丰碑，谥之"真际禅师光祖之塔"。

但凡谈禅论数，没有不知赵州与临济之名，殊不知名满天下的二大禅师修禅之地相距甚近。临济所住，位于赵州和尚的柏林寺西北面，两地相距仅是一百三四十里。禅宗诸祖多出于江西，并于江南布化，唯赵州、临济二大禅师，却是例外。二人所踪，并非江南，而是远在北国之地，此乃异数也。是故，自五代以后，二大禅师的遗址胜迹，直是游人纷至沓来。柏林寺大雄宝殿后面的《弘治碑》记：

当时游访者，必先柏林，次临济，次五台，其为名刹可知矣。

此碑文乃赵州硕儒陈纪所撰。赵州和尚的师尊南泉因"斩猫公案"而声名鹊起。"斩猫公案"的主角南泉禅师，飘逸中却是玄机深藏。赵州和尚更是以"至道无难"，并"庭前柏树子"而名动天下。据《赵州和尚行状》载，将赵州和尚称为古佛者乃雷峰其人，然雷峰并无与赵州和尚有过禅语交锋。（常盘大定文）

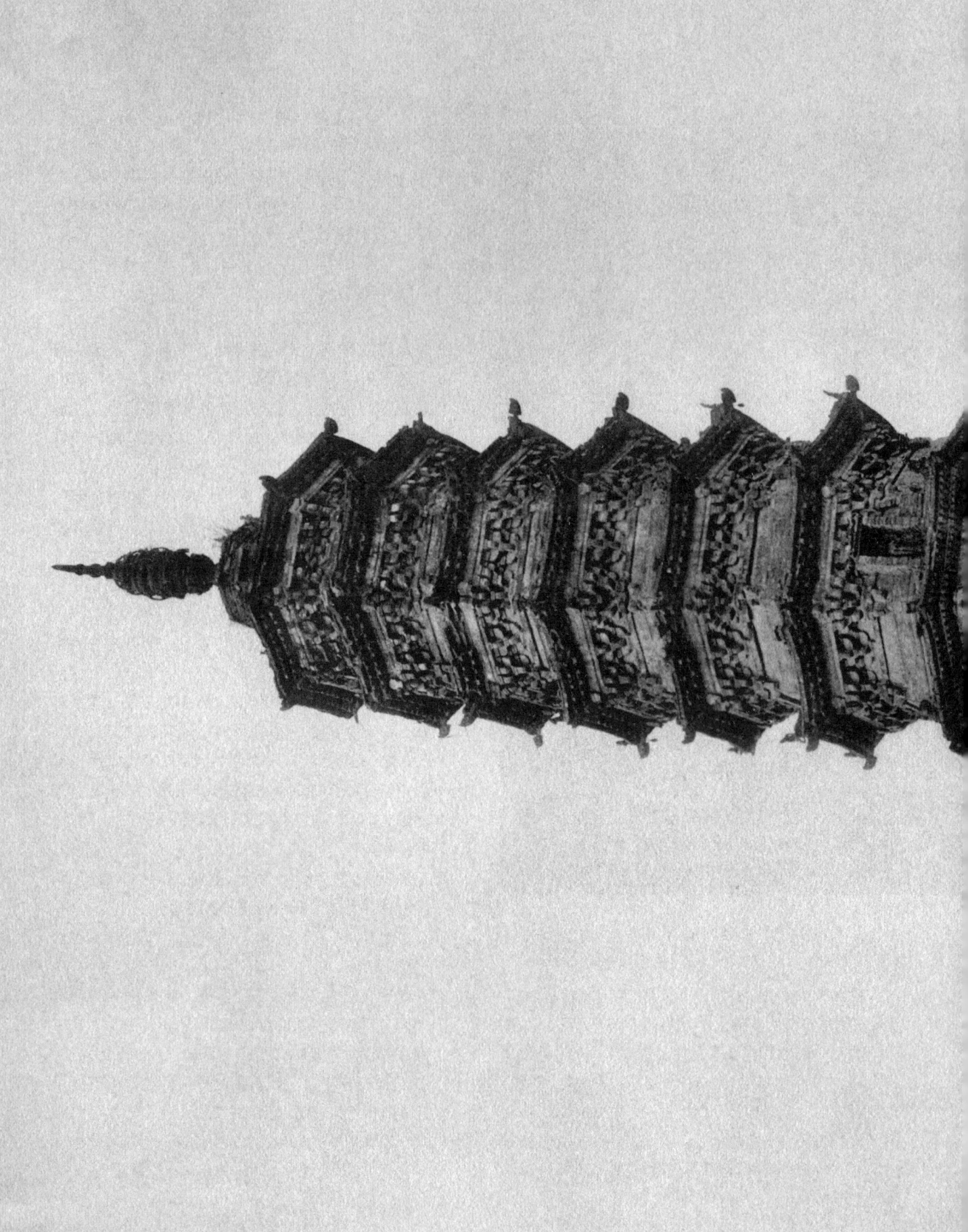

图 3-2 · 柏林寺 · 赵州国师之塔

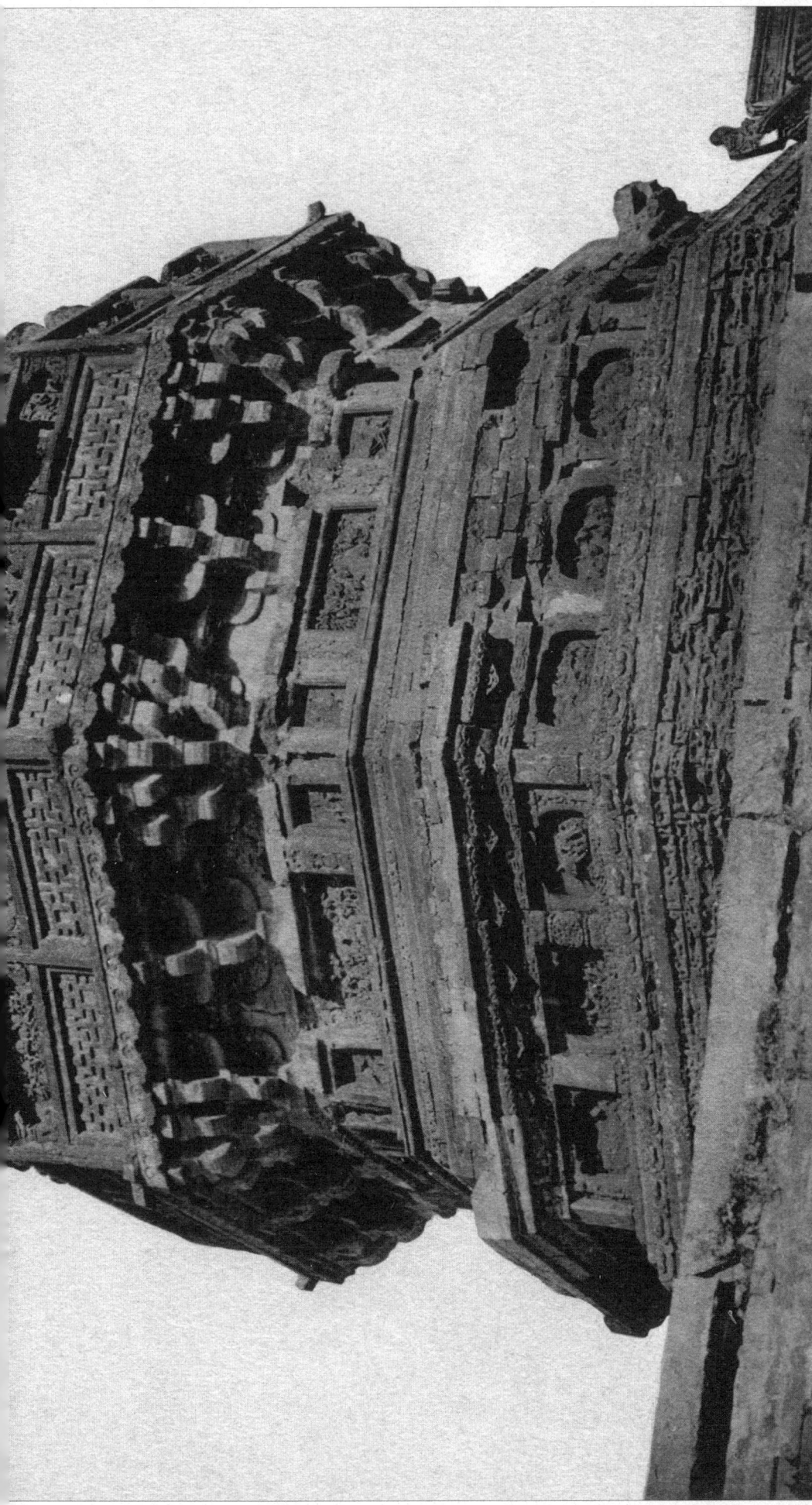

图 3-3 · 柏林寺 · 赵州国师之塔(部分)

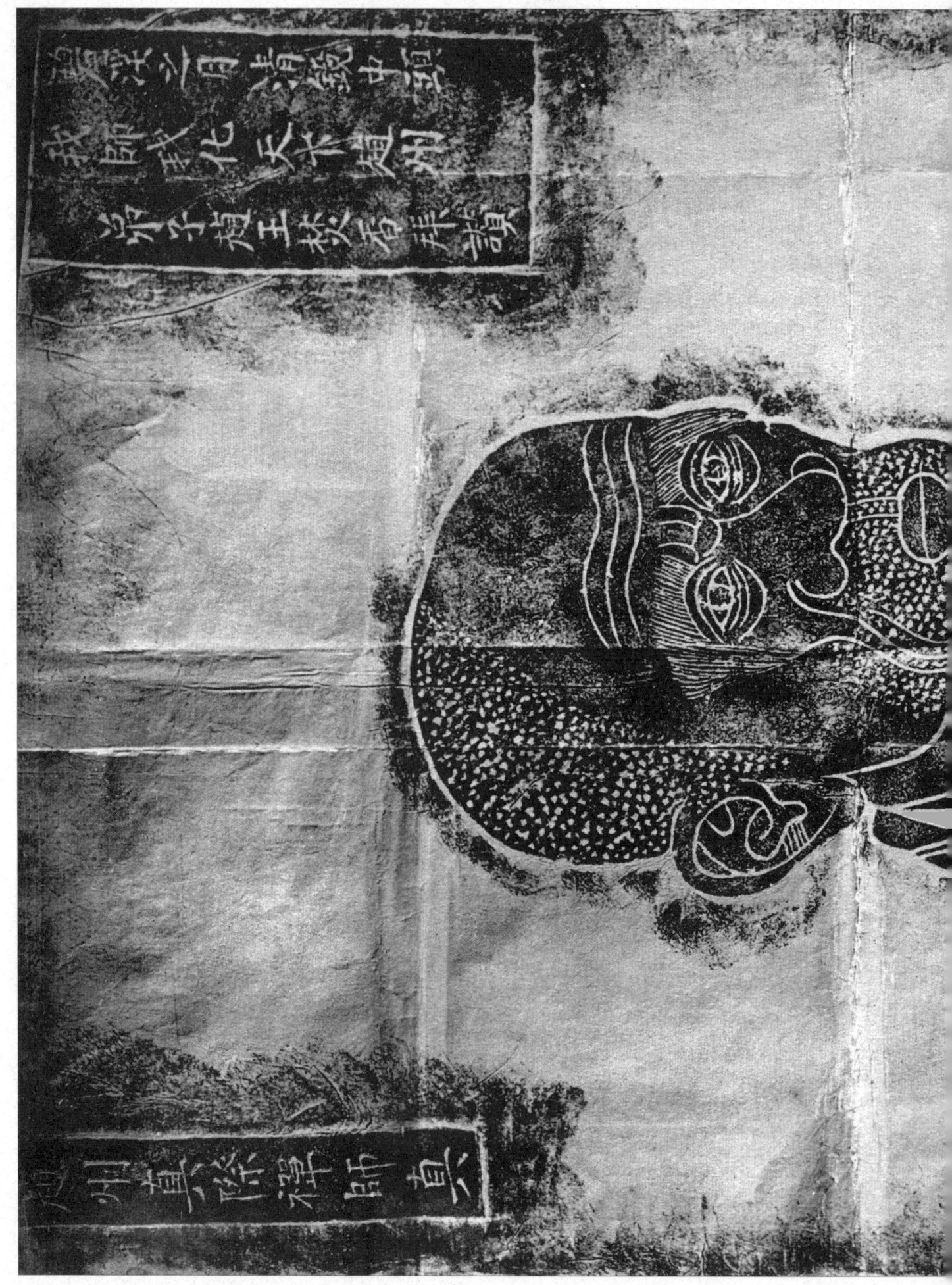

图3-4·柏林寺·赵州和尚像拓本

赵州城内将入柏林寺之处，有八角形多层石幢一座。幢身底部刻有铭文"大宋赵州南关厢邑人等重特建幢子相轮"，并"景祐五年三月十八日建立"。由此可知，此石幢乃是建造于北宋景祐五年（1038）。此幢身为八角形，每三层即有一莲座并飞檐，上面几层更施雕饰，冠以宝珠。石幢底座则筑有莲台，莲台置于呈三阶状之基坛上。石幢整体形态端庄秀美，建造极尽华丽堂皇，堪称中国现存此类经幢中保存最为完好的，亦属最为杰作者。（图3-5）（常盘大定 文）

图 3-5 · 柏林寺附近 · 陀罗尼大石幢

河北正定

临济寺

临济寺，位于河北省正定县，乃唐代名僧临济义玄的故址。临济寺旧称临济院，在县城东南隅，临滹沱河，是一小禅院。今日正定，于李唐时被称为真定。就寺观而言，现今仅存小殿一处（图3-6），但它却有座称作"清塔"的八角形九层大砖塔拔地而起，巍然屹立，与天相接，展示千年名刹生命之刚力。塔前有铸于明代天顺年间的梵钟，因没有钟楼，梵钟被撂地上。

（常盘大定 文）

图 3-6 · 临济寺 · 大殿

临济

临济，山东省曹州南华人，参学诸方，因见黄檗山希运禅师，了然洞彻，乃北归乡土，俯徇赵人之请，住于城南临济，示人心要，颇与德山相类。临济以咸通七年（866）示灭，敕谥"惠照大师"，塔号"澄虚"。临济初参黄檗，凡三年，行业纯一，无它异。彼时，睦州道明为首座，大是感叹，劝其至黄檗之前问佛法，曰："汝但去问如何是佛法大意。"临济依教，上堂头请问，声未绝，黄檗挥棒便打，临济罔措，下堂来。睦州道明首座问："汝问话如何？"临济答："问声未绝，和尚便打，莫知所以。"睦州道明首座云："汝更去问。"如是三问，三遭痛棒，乃泣辞首座："自恨障缘，不领深旨，今且辞首座下山。"睦州道明首座云："汝去须辞和尚后方可行得。"首座潜告黄檗云："问话后生，甚是如法，若辞和尚时，可方便提诲。他时异日，成一株大树，与天下人，作阴凉所在。"临济来辞黄檗，其师云："向高安滩头大愚处去，必为汝说。"临济去大愚。大愚与临济二人如此问答，"何处来？""黄檗处来。""有何言句？""三度问，三度遭棒，未审有过无过。"致是大愚云："黄檗恁么老婆心？为汝得彻困，更来这里，问有过无过。"临济于言下大悟，不觉失声云："原来黄檗佛法，无多子。"大愚搦住云："这尿床鬼子，适来问有过无过，如今却道'黄檗佛法无多子'，汝见个什么道理？"临济于大愚裂谷肋下击三拳。大愚托开云："汝师黄檗，非干我事。"临济离开大愚，跃然回归黄檗处。黄檗问："这汉，来来去去，有甚了期？"临济答："只为老婆心切。"便人事毕，侍立其旁。黄檗问临济与大愚有何言句，临济举前话。黄檗云："这老汉饶舌，待痛与一顿。"临济道："说什么待他来痛与一顿，即今便吃打。"道了，便打黄檗一掌。黄檗吟吟而笑云："这疯癫汉，却来这儿捋虎须。"临济便喝，黄檗召侍者云："引这疯癫汉，参堂去。"

临济在世时，长辈有百丈、南泉、药山、丹霞、天皇、居士庞蕴；同辈有赵州、沩山、德山、洞山。于禅宗史上，临济在世之时可谓禅机锻成，乃是最好时期。盖禅宗弘扬，马祖其功甚焉。受马祖禅机者为百丈，得马祖禅用者为黄檗，临济则继黄檗、百丈之衣钵，可以说临济并得马祖的禅机与禅用。禅正是贯通于临济一身而得于完整真实展示与世人。通过人自身的努力以成佛，作为佛教教义，法华思想已足以指点迷津。但是，弃脱佛教教理的窠臼，让中国禅宗完全独树一帜，则是临济的伟大功绩。临济宗风一开，其后六十年，有沩仰宗，更在百年以后，有云门宗、曹洞宗、法眼宗，三足鼎立，即所谓五家禅。

其中，沩仰宗最早法系根绝，法眼宗则末流不振，独独临济、云门二宗，终宋之世，人才辈出，宗风直盛。其中，临济一宗，更是明显胜出他宗一筹。临济宗分出杨岐、黄龙二派。杨岐一派，尤其发达兴旺，以至后来成为临济宗代表，称雄天下。

五家禅因各家祖师人格有异，对学禅者的接化方式亦不尽相同，致是宗风迥异。五家禅的宗风各异，自古以来，世人已多有论之。例如临济，于天目中峰，酣畅淋漓。相较之，圜悟则被称为全机大用、棒喝交驰、剑刃上求人，电光中交手，相互应接，并不显辛辣尖刻。临济大禅宗风之地，乃是唐代的真定，即今日正定。是故，临济宗的弘传偏倚于北方之地，达摩禅的发祥与燎原之地乃是以江西为中心的江南一带，若论北方，当时唯是正定的临济与赵州的从谂。要说理由，莫非因为二人俱是北方曹州出生？临济大彻大悟之后，即归北回乡，此事或可从一侧面很好解释临济何以宗禅的原因。临济生在北方，有北地气魄，与华严教义因缘颇深，五台山又有文殊信仰。由此看来，北方亦是禅宗发展之沃土。《临济录》记：

有一般学人，向五台山里求文殊。早错了也。五台山无文殊。儞欲识文殊么，祇儞目前用处，始终不异，处处不疑，此个活文殊。

诚哉斯言。对文殊的宣传乃至宣扬，其实无非是文殊信仰的自身体现与展示。

五家禅中，乃是临济一宗与时同行，共时代以昌荣。至元武宗至大二年（1309），武宗皇帝敕令赵子昂立临济正宗碑，此碑立于临济院。武宗皇帝又赐大庆寿寺西云大师安公一方镌刻"临济正宗"玉印。致是呈佛教靠禅宗以生存、禅宗靠临济宗以显扬之状态。从临济正宗碑所载可知临济宗之法系，其记如下所示：

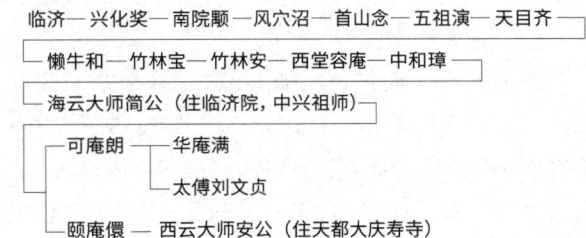

西云大师历经三朝，发摅玄言，由是临济之道，越加扩大，以致临济正宗碑独尊临济为五家禅之正宗。海云大师时代，临济正宗中兴；至西云大师时代，则炽如中天。（常盘大定 文）

清塔

据立于明正德十六年（1521）七月的重修临济塔记碑载，临济院建于东魏兴和二年（540）。临济禅师寂化之后，门徒收其衣钵，建塔藏之，懿宗赐谥"慧照"法号，其塔则名为"澄灵"。重修临济塔记碑还载，此塔于金大定二十五年（1185）一度重修，后于元至正三年（1343）再次重修，明弘治十八年（1505），第三次重修。观其重修形式，大致可知，金大定二十五年（1185）正是临济宗中兴之时。

清塔为八角形九层砖塔，立于双层基座之上，基座四周有勾栏环围，塔底以莲台为底座。双层塔座，最下面一层边长十七尺八寸，上面一层边长八尺七寸七分，整体塔高约百尺。

砖塔底层四面开有半圆拱入口，其余四面则砌窗台，以中拱为肘，以双垂木作轩。每处飞檐，均悬铁铎作风铃，檐盖葺瓦。砖塔第二层层高骤然收低，肘木仍用中拱，但不用风铎，二层以上各层，则层高减低明显见缓。塔顶装上相轮，极尽富丽堂皇。于此类塔中，临济禅寺清塔虽然规模不大，但比例协调，不失高雅隽秀之美。（图3-7）（关野贞 文）

铁钟

此钟镌有浮刻铭文，曰：

天顺四年三月吉日成造，真定府清塔寺都纲行端……造钟。重壹千二佰斤。

除铭文外，塔身周边还刻有捐助者姓名。据此铭文可知铁钟铸造于明代天顺四年（1460）。此钟钟头呈圆形状，上有八叶莲花，每一莲叶均镌一字，共成"南无阿弥陀佛""真定府""清塔寺"字样。铁钟并无龙头，只简单配以铁环，肩带部分框缘内，各刻有八卦爻文，腰带部分框缘内则铸牡丹图案。肩带与腰带之间，共分八畛域，每一畛域俱有莲座图案，莲座上现有梵字。钟口呈波浪状，随波形开口作花头。花头与腰带之间的钟壁，见有瑞禽祥兽浮雕。整体而言，此铁钟并不墨守陈规，亦不拘一格，匠意甚为自由，颇显雄劲丰实之美。（图3-8）（关野贞 文）

图 3-7 · 临济寺 · 清塔

图 3-8・临济寺・铁钟

龙兴寺

龙兴寺位于河北省正定府城东边，俗称大佛寺。隋开皇六年（586）龙兴寺始建，位于郡西面，初名龙藏寺。唐代，自觉禅师于龙兴寺造金铜观音大像，后至五代时，此寺罹契丹兵火，金铜观音像上半身被毁，迨后周显德中，毁残铜以铸钱佐军用。宋太祖开宝四年（971），朝廷敕将龙兴寺迁移至今址，并铸高七十三尺的四十二臂千手千眼观音大士像，更将大殿重建。大殿前造配阁，左右两边筑耳阁，蔚为壮观。明末，重修东耳阁。清顺治六年（1649），修补观音大像宝冠。清顺治十四年（1657），修缮转轮藏阁。嗣后，清代康熙、乾隆年间，又几度重修。龙兴寺大殿，前不久经过大翻修，于今看去仿若新造。(图3-9)（关野贞 常盘大定 文）

伽蓝前面，先有天王殿，以成龙兴寺南面门户。天王殿，单层，面宽两间，进深五间，内供四天王像。穿过天王殿，便可见东边钟楼、西边鼓楼，二者相互对望。钟楼与鼓楼，均系两层，下层为砖结构建筑，上层则为木结构建筑。再往前，立幢一对，只是于今唯其幢柱尚存。再往前行，来至大觉大师殿。此殿据称始建于宋代元丰年间，本系规模宏大之建筑，可惜于今已颓坏殆尽。大师殿内，但见本尊造像泥崩土解，唯是骨架嶙嶙，形影相吊。此外，二侍者像亦是泥胎尽溃，惨状至极。大觉大师殿后面，东西各有进深五间的大厢房。过了此间，再往前行，便抵摩尼殿。

摩尼殿的平面布局甚显奇巧，为正殿七间、进深七间，乃层大型建筑。正面看摩尼殿似为三开间带门廊大礼堂，在其两侧后面，各设一入口。(图3-10) 内殿供有本尊释迦牟尼像，以及二罗汉、二侍护与二天

图3-9·龙兴寺伽蓝平面图

龍興寺伽藍配置圖

1	天王殿
2	鐘樓
3	鼓樓
4	大覺大師殿
5	牌門
6·8	殿址
7	摩尼殿
9	戒壇
10	韋陀殿
11	比丘氏殿
12	慈廊
13	輪藏閣
14	牌樓
15	碑樓
16	
17	禪堂
18	
19	祖師堂
20	佛閣
21	御書樓
22	集香閣
23	元碑
24	宋碑
25	隋慶碑

图3-13·龙兴寺·大殿戒坛本尊

像。内殿三面墙壁及摩尼殿大殿内的四面壁上，绘满佛画。本尊佛像的背后壁面，前进后出，成多层壁面并錾岩窟状，中央供奉造型优雅的观音像。(图3-11) 特地凿成的岩窟，有罗汉、菩萨、天部等现身其间。内殿天花板呈格天井状。三尊佛头上，悬顶，呈八角形状，造型纤巧。殿内屋顶，肘木承梁，颇显雄伟壮观。此建筑或出自明代匠人之手亦未可知。(图3-12)

摩尼殿后面为一戒坛堂。戒坛堂建在一石砌台座上，四周绕以虎廊，似是清初建筑。戒坛堂进深三间，三重飞檐，以中拱承轩。在戒坛堂内，筑一木造方坛，周边围以高栏，坛中供奉本尊佛像。此本尊佛像前后背相贴，前后双脸双臂，造型颇为怪异。(图3-13) 戒坛堂的后门处乃韦陀殿，内供韦陀天像。

出韦陀殿，正前方乃气宇轩昂的佛香阁巍然挺立，左右两边慈氏阁与转轮藏相对峙。有关佛香阁、慈氏阁、转轮藏另章再述。此外，还有两座碑阁。东碑阁有清康熙四十三年（1704）的碑刻，西碑阁则有清康熙四十五年（1706）的碑刻。佛香阁前东西两侧，分别有禅堂与祖师堂。佛香阁背后，正中为弥陀殿，东面为净业殿，西面为药师殿，弥陀殿、净业殿、药师殿三者栉比相连。

概言之，此龙兴寺乃规模宏伟之大伽蓝，以佛香阁、摩尼殿、大觉大师殿等气宇轩昂的大殿堂为主调，其他大小不一的建筑物作陪衬，令寺观整体极尽轮奂之美。只是近年来，寺里帑藏空虚，囊中羞涩，无力再筹资修葺，可惜如此名刹，已颓坏荒废至极。

（关野贞 文）

图 3-10 · 龙兴寺 · 摩尼殿前景

图 3-11 · 龙兴寺 · 摩尼殿后壁刻观音像

图 3-12 · 龙兴寺 · 摩尼殿斗拱

大佛殿

大佛殿又称佛香阁，进深七间，面宽五间，并附有一礼殿。礼殿向前再进深一间，殿内部分进深五间，面宽四间。东、西、北三面壁上，塑有文殊、普贤与随从侍者像，并塑有诸多小佛像。殿内中央有石砌佛坛，上筑莲花座，莲花座上有本尊观世音菩萨立像。本尊观世音菩萨身后有背光，在其前面及左右两边有侍奉菩萨像。于今，佛殿的屋檐及天花板部分已是疮痍满目，漏雨严重，凡此塑像，胎泥多已掉落，唯见嶙嶙骨架暴露在外。

大佛殿为三层大建筑，在第二层与第三层之间筑有飞檐。可惜，屋顶与第三层已坍坏，于今，唯剩东南一隅，然亦是岌岌可危，以致本尊观世音菩萨立像亦成没有遮盖的露天立像，远远望去，其上半身已暴露在破败不堪的佛殿之外。

大佛殿建筑结构乃是底层用长拱，第二层用中拱，第三层仍用长拱，俱采用深五作双抄、前进后出的建筑技法。第二层的飞檐采用长拱承轩，至第三层飞檐已不用斗拱，第二层及第三层飞檐均有勾栏环围。此大佛寺于清初有过大修复，几乎全部翻新。不过，殿内还有一些柱子及斗拱，犹是古意苍然，显然是更早年代的遗物。殿内东壁上的浮雕、塑像，其宋代风韵依稀可辨。(图 3-14)（关野贞 文）

图 3-14・龙兴寺・大佛殿

本尊铜造观世音菩萨立像

关于此尊观音像的造立，《金石萃编》收有撰于宋乾德元年（963）的《正定府龙兴寺铸铜像记》，述此尊观音像造立之端详。摘录如下：

……至开宝四年七月二十日，下手修铸大悲菩萨。诸节度军州差取到下军三千人工役。于阁下基北，拆却九间讲堂，掘地并基，至于黄泉。用一重礓砾、一重土石、一重石炭、一重土，至于地平，留六尺深。海子，自方四十尺。海子内，栽七条熟铁柱。每一条铁柱，七条铁筒，合就上面用铁虬，七条铁柱皆如此。海子内，生铁铸满六尺，用大木于铁柱，于胎上塑立大悲菩萨形象。先塑莲花台，上面安脚足，至头顶举高七十三尺，四十二臂，宝相穹窿，瞻之弥高，仰之益躬。三度画相仪，进呈方得圆满。第一度先铸莲台座，第二度铸至脚膝已下，第三度至脐轮，第四度铸至胸重已下，第五度至腋已下，第六度至肩膊，第七度铸至头顶。上下七接铸就，所有四十二臂，并是铸铜筒子。用雕木为手，上面用布，裹一重漆一重步，方始用金箔。贴成相仪千手千眼，具足四十二臂。周圆相好，端严咸（威？）容，自在寻声救苦。众生以三业归依，菩萨以六通垂济……

由上述可知当时佛像的铸造方法。

此观音铸像如今在铜莲座上。碑文称，此本尊铜造观世音菩萨立像高七十三尺，然而，今实际高约四十五尺。碑文所云，或是依周尺量度亦未可知。此本尊铜造观世音菩萨立像恐怕可称为中国现存最大铜像，不过，虽可谓法相庄严，然身躯各部比例却难有协调之美可言。衣纹线条不够流畅，并稍显卑俗，似难断为宋初铸造，或亦有可能是已在后世经受修补。当初，四十二臂皆以雕木为手，而今，凡此雕木，悉数朽烂，荡然无存。褶襞极尽细腻复杂变化的天衣也已是多处被毁损。并且，极富装饰之美的宝冠部分于今已掉脱在地，落于座前。此冠颇具宋初特征。（图3-15）（常盘大定 文）

图 3-15 · 龙兴寺 · 大佛殿观音立像

佛坛

供奉本尊佛像的佛坛系一石坛，呈刳形，上下宽而中间窄。佛坛上造一莲座，并刻有飞天、伽陵频伽、宝相花、兽面等。(图3-16、图3-17) 佛坛中腰，砌以刻有蟠龙的竖石，其余砌石收腰处隔有小框，内有飞天浮雕，所有镌刻雕饰，极尽华丽。因此，可认定为出自宋初时人之手者，唯是刻有蟠龙之竖石，其技巧可谓鬼斧神工，栩栩如生。(图3-18) 至于其他，恐系多为后人依葫芦画瓢，手法拙劣。

本尊铜造观世音菩萨立像前有一铜造四臂观音坐像。此坐像颇具喇嘛教特征，有可能是出自元、明年间。据闻，此坐像原先乃在戒坛，而非供于此处。(图3-19)（关野贞 文）

图3-16·龙兴寺·大佛殿观音立像宝坛

图 3-17 · 龙兴寺 · 大佛殿观音立像宝坛

图 3-18・龙兴寺・大佛殿宝坛蟠龙柱

图 3-19 · 龙兴寺 · 大佛殿观音立像前观音坐像

壁面塑像

内殿东侧壁面可划分为三区。第一区画的是普贤菩萨骑象，诸多随从、天部跟在其后，但见大海之上云起云飞，远山突兀，天穹、佛阁、宝塔、飞天、蟠龙等，俱与祥云齐飞。此景此境，均以泥土塑就，为半浮雕状。凡此菩萨、天部，其身姿、体态及造型，李唐风韵依稀可见，想来应是宋初时作品，亦有可能成于宋太祖开宝年间。只是今日所见彩绘，乃后世修补时出自后人之手，但大致犹是本色依然，可谓世所罕见，幸运非常。何况，此壁面浮雕气势雄浑，技法精练，画面流光溢彩，又不失庄严气氛。第二区画的是文殊菩萨及其随从、门徒，构图及匠意亦与第一区同，都是海天祥云。此处画面，或有可能是清初年间被后人所改，盖雕塑彩绘技法与手法实难称道。第三区及其后壁，见有千体佛之像，西壁的构图亦与东壁同，同样是清初年间的二次创作。凡此壁面绘画，有的是保留宋初原创部分，也有的是经清初时人之手修改的。总之，各有其明显的时代特征与风格，俱是弥足珍贵的艺术标本及文化遗产。如今，整个大殿屋顶塌陷，实不堪遮风避雨，一应文物损毁与日俱增，但寺方囊中羞涩，帑藏空虚，甚至寺中僧人亦与世人同不知此寺价值。怕是有朝一日凡此瑰宝不幸消失，最可惜者莫过于此。（图3-20、图3-21、图3-22）（关野贞 文）

图 3-20 · 龙兴寺 · 内殿东侧壁面塑像

图 3-21·龙兴寺·内殿东侧壁面塑像普贤菩萨及随从

图 3-22 · 龙兴寺 · 内殿东侧壁面塑像缘普贤菩萨之随从

观世音菩萨半跏塑像

观世音菩萨半跏塑像在大殿观音大像腰壁东面。但见其头戴宝冠,结无畏印相,左手按膝,垂左足,衣衾敝座,宝相庄严,容颜慈祥,温和,身体各部比例协调,极为对称,端坐于莲花座上,举右手,着胸饰,颇具写实感,衣纹飘逸舒展,不愧是来代杰作。而今,檐盖倾圮,屋顶坍塌,受风吹雨打,离毁坏殆尽已时日不远。想来不胜遗憾。(图3-23)(关野贞文)

图 3-23 龙兴寺·大殿观音菩萨半跏塑像

集庆阁及御书楼

佛香阁西面为集庆阁，东面则为御书楼，三者栉比相连。集庆阁与御书楼均为上下两层建筑结构，上层有加飞檐，望去与二层建筑同。上面一层屋盖，乃是采用歇山式建筑式样。想当年，此一阁一楼，与气宇轩昂的大殿左右毗连，何等气派，何其壮观。而今，此一阁一楼却与大殿同样衰颓败落，多是破损不堪，岌岌危矣。

（图3-24）（关野贞 文）

图 3-24・龙兴寺・集庆阁

慈氏阁

与转轮藏相对,并采用与转轮藏同样造型及相同建筑结构。阁内,弥勒站像立于高八尺许的台座上,高约二十四尺,背光高三十五尺许。弥勒站像左右两旁有两尊侍奉菩萨像,像高八尺许。另外,沿左右壁缘,还供有九尊佛像。(图3-25)(关野贞 文)

图3-25·龙兴寺·慈氏阁

转轮藏

　　转轮藏为三开间双层建筑，上层造有飞檐，下层正面有牌楼，整体立于砖砌基座之上。转轮藏底层的斗拱为短拱，上层的斗拱则是中拱，颇显气势雄浑。飞檐部分的斗拱至为简约，四面环以高栏。最上面的屋檐系歇山顶建筑形式，气宇轩昂。由于上有飞檐，致使外观更显古朴。

　　建筑里面有轮藏（图3-26），轮藏正面的左右两侧上方，可以看到二菩萨脚踩祥云徐徐落下。其创作手法及制作技法俱佳，有宋初遗风。另外，有木龛沿左右两壁布列开来。内中，十六罗汉像各踞其位。转轮藏的整体建筑颇显大气，似是建于明代以前。只是，轮藏本身及十六罗汉像及罗汉所在木龛，则非明代以前，更像是出自清初顺治年间。（关野贞 文）

　　轮藏乃南朝梁禅宗尊宿傅大士所创。《邠国公功德铭》[唐穆宗长庆二年（822）]载：

　　又于堂内造转轮经藏一所。

　　由此可知，到李唐一代，轮藏之风已是大盛。（常盘大定 文）

　　日本镰仓时代，轮藏与禅宗一起从南宋传至日本。之后，禅宗固不待言，其他佛教流派的寺院，轮藏也盛极一时。在中国，据作者几次考察的情形看，此种轮藏，除了龙兴寺有幸得见，其他地方已难见到，可谓罕见。显然，龙兴寺的轮藏乃是中国佛教的一个珍贵标本。此轮藏的结构为多层，底层呈八角形，上层为圆形状。顶部为一柱中轴所支撑，中轴贯至底下，并接地面，致使轮藏在一圆形池内旋转。圆池周围设有护栏。底层各转角栏柱上刻有蟠龙，长拱承轩。上层亦用长拱，前进后出，拱上承轩。底层内部四方位各设有佛龛，佛龛内各纳菩萨像。轮藏基座下方雕刻有云彩及蔓藤花纹图案。斗拱下方壁面雕有蟠龙，相当富丽华美。（关野贞 文）

图 3-26 · 龙兴寺 · 转轮藏

隋龙藏寺碑

佛香阁前方左侧有六碑石，龙藏寺碑位在最前，于今保存在一砖屋内。碑上螭首甚是气势雄浑，碑额镌刻楷书"恒州刺史鄂国公为国劝造龙藏寺碑"，碑文亦属楷书。此龙藏寺碑立于隋开皇六年（586）。至南北朝时，已甚普及石碑额部取用螭首之形制，及入初唐之后，更是普遍。此龙藏寺碑制作恰处南北朝时期往李唐王朝的过渡，虽说没有唐碑的精致洗练，然若论气魄豪放、气势雄健，此碑其实还在唐碑之上。（图3-27、图3-28）（关野贞 文）

据《龙藏寺碑文》载，恒州刺史鄂国公金城王孝零（译者注："零"应加"亻"旁，下同）为劝奖州内士庶修造龙藏寺而于隋开皇六年（586）十二月立此碑。碑文中有"四魔毁圣，六师谤法"，指的乃是北周的毁佛。碑文还颂大隋兴后，佛法重兴。"澍兹法雨，使润道牙，烧此戒香，令熏佛慧"，又"拯既灭之文，匡以堕之典"，乃是赞颂隋文帝复兴佛教之功。"岂直道安罗什，有寄宏通，故亦迦叶目连，圣僧斯在"，乃是为隋一代佛学人才辈出拍手叫好。王孝零起建龙藏寺也正是，恰逢佛教复兴之时，是以上奉朝廷敕令，下乃士民同心，碑文曰"每奉敕奖州内士庶一万人等，共广福田"。碑文称此功德实是非比寻常，曰"竭黑水之铜，罄赤岸之玉，结琉璃之宝纲，饰樱珞之珍，于是灵刹霞舒，宝坊云构"。并对此赞叹至极，"地映金沙，似游安养之国，簪隐天树，疑入欢乐之园"。披览上文，当年龙藏寺之竣工盛景不难想见。石碑背面镌刻诸多人名，共计5阕30行，每行字数不等。

碑文撰写者为齐开府长兼行参军九门张公礼，却不见碑文书写者姓名，其字笔遒劲有力，被称为兼得虞世南、欧阳询字体之美。据《潜研堂金石文跋尾·周书》考，金城王孝零，乃土杰之子土孝仙。碑文中将"仙"作"零"，系异体别字之故。碑文中，此类异体别字如下所示：

"如嚮"应为"如响"；
"蕫"应为"箽"；
"攸攸"应为"悠悠"；
"盇缠"应为"盖缠"ःै
"鶾墨"应为"翰墨"；
"夹懸"应为"赤县"；

"践阵"应为"践祥";
"河人"应为"何人";
"孝零"应为"孝仙";
"醪"应为"镠";
"谪诡"应为"谲诡";
"蒼"应为"檐";

"吾塙"应为"五台"（译者注：原文"塙"为"高"在上，"土"在下）；
"鄒鲁"应为"邹鲁";
"壞異"应为"怀异";
"嚮度"应为"响度";
"伽篮"应为"伽蓝"。（常盘大定 文）

图 3-27・龙兴寺・龙藏寺碑

图 3-28 · 龙兴寺 · 龙藏寺碑拓本

佛顶尊胜陀罗尼经幢

此经幢位于龙兴寺东面。自上而下整个为一石柱。呈八角状。经幢上刻隶书，左边有题额镌刻：

大金国河北西路真定府都僧录改授广惠大师舍利经幢铭

下面又刻：

□□龙兴寺河北西路都僧录改授广惠大师经幢铭并序，本寺传教简了沙门法通撰　本寺玄隐沙门洪道书并题额

末尾，刻文"大定二十年十月一日造，经幢功德主门人顺道建"，并刻匠人杨温、杨显、杨深、杨演，以及诸门人姓名。由此可知，此佛顶尊胜陀罗尼经幢造于金大定二十一年（1181）(译者注：原文有误。上文记"大定二十年十月一日造，经幢功德主门人顺道建"，这里却又称是"造于金代大定二十一年"）。

经幢基座分为三层，最下一层刻有八天人，中间一层则是四狮子，上面一层为八天支承图。整个经幢基座的图案雕刻甚显华丽雄劲。基座上现一莲花座，只见丰腴的莲花瓣将莲座布局为上下两层，八角形经幢的幢身即置于莲座之上。幢身刻有铭文。幢身上又有一宝盖，镌八兽首衔环，每一环均有彩瑛悬联，彩瑛上各有一座佛。此宝盖上方更加一莲座，莲座上再承一短柱。此柱身刻有题额。短柱上面乃一方八角形盖石，盖石各面均有二罗汉浮雕，盖石八面，总计十六罗汉。盖石顶上又有莲座，莲座上面立一短柱，呈八角形，短柱各面雕刻菩萨立像。短柱上面，即此佛顶尊胜陀罗尼经幢的顶盖，已丢失。

此经幢全为汉白石建造，权衡甚美，雕饰精美，堪称金代经幢之杰作。(图3-29、图3-30）(关野贞 文)

图 3-29 · 龙兴寺东 · 佛顶尊胜陀罗尼经幢

图 3-30 · 龙兴寺东 · 佛顶尊胜陀罗尼经幢（部分）

开元寺

　　开元寺位于正定县城内，于今犹存一伽蓝，规模甚小。开元寺正面为伽蓝殿，内为正殿，号"法船正殿"，供三尊佛。然佛陀三尊俱乘船上。殿前东边有钟楼，西边则有九层砖塔。（图3-31）除此砖塔外，其余建筑，悉数俱出近代之后，不值观瞻。钟楼内有大钟，径五尺许，式样甚简。或为元代之作。

　　有关九层砖塔建造年代，寺中清康熙七年（1668）所立碑刻记述甚详。

　　据此碑载，九层砖塔最早建造于唐贞观十三年（639），后于清顺治十八年（1661）倾坍，清康熙七年（1668）重建。清康熙七年的此次重建，想来，至少砖塔外部必是焕然一新无疑。砖塔整体外观呈平面方形，轮廓上大体保留唐代建筑形制。但若观其细部，则大有生硬粗糙之感，显然是清初翻建所致，粗犷有余却精致不足。砖塔为四角九层，塔高十二丈许，结构太过简单。只是每一层随着塔高向上而将层高与径围相应递减，每一层都用砖砌一砖檐，塔盖亦是砖砌而成，如台阶状，往上收窄，相轮置于塔尖之上。砖塔底层腰石边上，有力士刻像。在进口处的门楣及门柱上，刻有蟠龙及花卉。（关野贞 文）

图 3-31・开元寺・九层砖塔

广惠寺 ｜ 花塔

广惠寺位于正定城内。现广惠寺已废，唯寺中花塔尚存。其塔建造式样无有类比，可谓世所罕见。(图3-32) 有关广惠寺的创建及塔婆的沿革，载于花塔前方的西侧壁面，明正统十二年（1447）的碑刻。上述广惠寺创建于唐高祖年间，后于唐开元年间重修，立于寺前的明嘉靖三十一年（1552）的碑刻则称此寺创于魏、隋年间，并于唐、宋二代重修及翻建。花塔前面壁间还有明万历十一年（1583）的碑刻，则记广惠寺建于赵而修于唐。由此观之，有关广惠寺的创建，不同的碑文记载，出入甚大，孰是孰非，不得而知。但似乎有一点可以确定，广惠寺的创建最晚不会晚过唐初。至于后来寺、塔的沿革，明代万历十一年的碑刻记曰：

既毁于金之皇统，复修于金之大定也。距今几二百年。砖瓦破缺，彩色漫漶……爰鸠工于正统丁卯夏四月上澣，落成于戊辰冬十一月。

据此碑刻可知，此广惠寺早在金代皇统年间就已经遭到破坏，后于金代大定年间重修。始建于李唐的花塔，亦于金代经历过大翻修，迄明代，复毁损，故又于明代正统年间又加以修缮。有关此次正统年间的重修，寺中所立明正统十二年（1447）碑刻记载甚详。此碑刻称，自明宣德九年（1434）至明正统十二年，寺中僧众为翻修寺观四方奔走，遂获布施巨金，以修广惠寺。碑文记：

斯致上下高低，四维四旁，施五彩以粧成。其间，八菩萨用金箔以贴就。以此倚塔夯神，上塑狮象水兽。致使天花缤纷，琼香缭绕。

又有明嘉靖三十一年（1552）碑文载：

我朝正统年间，有善士。亦尝修□补堕……不三月而告成也。

综上述，可认定此塔为金大定年间重修，明正统年间再次重修，于今所见塔上的佛像、天神、狮象等，俱为后来新造而非原先就有。明正统年间的重修，费时不到三个月，毕竟工期有限，不足以脱胎换骨，令旧塔形貌尽改。换言之，明正统年间的重修，只是修补而非翻修。在明正统年间以后，此塔应该还经历过几次重修，只是未有文献记载以供证实。

花塔外形尤为奇特，塔身大致可分三层，塔顶冠盖之物，状似相轮。花塔底层平面呈八角形状，八角形的每角再添扁六角形，四面开有拱门，扁六角形外面亦有拱室相通，全是短拱承轩，轩皆双抄，屋盖苫瓦。

第二层亦呈平面八角形状，四面开窗，同样是短拱承轩。第三层一样呈平面八角形，但明显塔身收小，底有莲台作基座。当初此层应是有勾栏环绕，如今已破损，不见勾栏踪影。第三层亦是四面开窗，以短拱承轩。

第三层最上面的塔顶为相轮造型。随着塔向上升，第三层塔身骤然收细。层层往上，塔身各面刻满天部、佛像、狮象等，再上则以短拱承八角塔盖。外形恰如参天松冠。塔尖柱上，刻有陡然向下的沟线，当初应有相轮冠盖其上，只是今已不见相轮踪影。

柱子、斗拱等建筑结构，观其饰彩，多以漆红为主，墙壁则涂以白土。凡此色彩，以及相轮造型的雕刻，如上所记，皆明正统十二年（1447）修补的遗作。

花塔底层内部，墙壁亦呈八角形状，有通路连接，可通外壁。在此壁间，筑有楼梯，可拾级而上。塔内底层有一汉白石雕佛像，只是头部已掉。此汉白石雕佛像完全是唐代形制。据此可推知广慧寺伽蓝的创建犹是李唐一代。此外，据称，日本明治四十一年（1908）塚本靖氏博士前来考察时看到花塔第三层处有两尊汉白石雕佛像，其中一尊佛像的台座刻有唐开元十五年（727）的造像铭文。此亦可作塔婆始建李唐一代之证据。(图3-33) (关野贞 文)

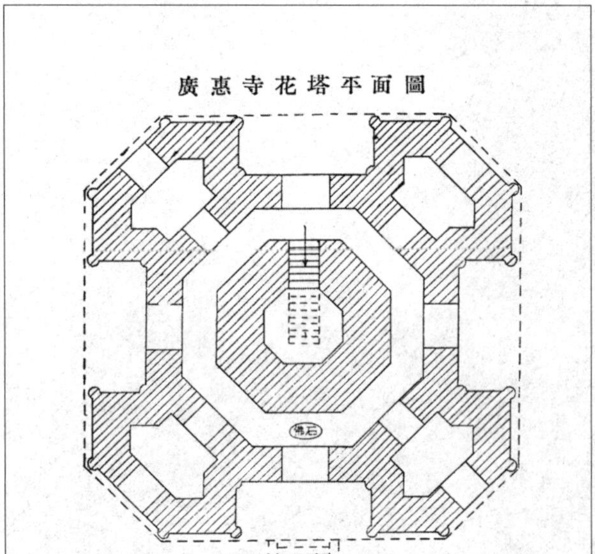

图3-32·广惠寺花塔平面图

廣惠寺花塔平面圖

图 3-33 · 广惠寺 · 花塔

天宁寺

　　天宁寺位于正定城内，于今寺已废芜，唯小佛殿及木塔尚存。木塔前面，有一方立于明正统十三年（1448）的重修木塔天宁禅寺记碑刻。据碑文所载，木塔造于唐代，并于明正统十年（1445）重修。此外，立于明嘉靖三十一年（1552）的重修天宁寺木塔记碑刻亦称天宁寺木塔建自唐代。只是，今日所见木塔，大概系宋代时人重建，并经明、清二代深度翻修的。

　　木塔状为八角，共九层。(图3-34) 木塔底下三层的墙壁及斗拱均系砖砌，唯轩用木。木塔上面六层，墙壁为砖砌，斗拱及轩俱系木造。故名为木塔。

　　木塔底层明显拔高，第二层、第三层、第四层比之底层，层高相形见低。第五层以上，层高更是大幅降低。并且，随着塔身向上，各层塔径由大往小依次递减，故其外形犹如一门炮弹。木塔整体高度，目测为一百六十尺许。现在概观木塔各层建造手法，不难发现下面三层与上面六层风格各异，彼此并不协调。只缘木塔底下三层乃经近世修补，原先建筑已被改头换面，旧容不再。木塔最下层宽二十一尺，四面皆有入口，只是现今入口都已封死。下面三层斗拱全系砖砌而成，每一个面都砌有三拱。上面六层亦见出拱，只是每一个面只有两斗拱，且系木制而非砖砌。斗拱、肘木甚显古朴简拙，或有可能系宋代翻修。此外，下面三层塔檐之上，装有简单护栏，上面六层却无设置护栏。塔尖上的相轮系铁制，甚是奇特，相轮中部最大，头尾依次递减收小，亦属珍奇罕见。

　　此塔各层轩梁均为木制，第四层以上斗拱亦全系木制，木塔最早的建造式样得以保存至今，非常珍贵。其外观亦颇有观览价值，只可惜塔身木轩已朽，斗拱破损，尤其最上面部分颓败不堪，任由风吹雨淋。(图3-35)（关野贞 文）

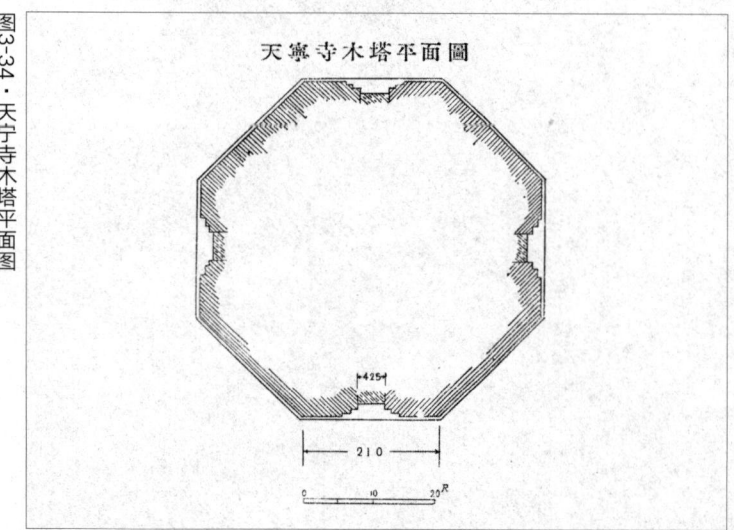

图3-34·天宁寺木塔平面图

图 3-35・天宁寺・八角九层木塔

唐清河郡王纪功碑

虽今日唐碑存世者颇多，然其中值得瞩目的重要碑刻却屈指可数。若要举唐碑之规制宏大者，以笔者生平所见之最，莫过于河北正定的清河郡王纪功碑。此碑宽七尺八寸六分，厚二尺四寸，包括螭首在内，整体碑高二十四尺。龟趺长十四尺六寸，高四尺一寸五分，此碑之巨着实让人惊叹。(图3-36)继此清河郡王纪功碑之后，位居其次者，乃是陕西乾陵的无字碑。无字碑宽六尺七寸七分，厚四尺八寸四分，高约二十一尺。驼碑的趺石为长方形，长十一尺四寸，宽八尺六寸五分，高二尺四寸，碑身趺石全为一巨石所錾造。(关野贞 文)

有关清光绪元年庆之金、贾孝彰等重修唐清河郡王纪功碑之事，《正定县志》卷15《金石》部记曰：

> 唐清河郡王李宝臣纪功碑
>
> 王士则撰并大字正书，名风动碑，永泰二年立，今在大公馆。

由此可知，所谓清河郡王者，乃李宝臣是也。有关李宝臣，《新唐书》卷211《列传·藩镇镇冀》有载。此唐清河郡王纪功碑在《金石萃编》卷93中被称作"李宝臣碑"，因此，此碑真正的碑名究竟是"清河郡王纪功碑"或是"李宝臣碑"，莫能辨。据《金石萃编》载，此碑高一丈八尺四寸六分，宽八尺八寸五分，字书二十五行，每行五十五字，字体正楷。碑文题记：

> 成德军节度使、开府仪同三司、检校尚书、右仆射兼御史大夫、恒州刺史、充管内支度营田使、清河郡王李公纪功载政颂并序

碑末落款：

> 支度判官朝散大夫行监察御史王佑上　推勾官朝散大行太子司仪郎王士则书并篆永泰二年七月一日建

碑文剥落甚多，难于通读。但碑上"纪功载政颂"几个字清晰明了，显然，此碑正是为李宝臣歌功颂绩。

关于此碑，《金石萃编》引《弇州山人稿》记：

> 宝臣降虏，与田承嗣辈创藩镇之祸，其人本不足道，碑辞胁下为谀，馁谚不文。独王士则者，仅见陶九成书谱中，不甚著，而书法遒劲潇洒，有李北海、张从申之笔，良可宝也。碑在真定御史台，不易拓。

《金石萃编》还引《金石录补》，称其碑在今真定(即正定，下同)府公署中，岿然巨碣，刘、宋二公岂能未见之，云云。

《金石萃编》又引《隐录轩题识》，曰：

> 镇州察院前庭有风动古碑，乃李宝臣功德颂，永泰间立，王士则书。

察院，即李宝臣署理节度之所在。碑文乃王士则书，笔法遒逸，有汉人遗意，绝似孟𫖯赵公所作。因吴兴源远流长，知本非二王所独。

其后，《金石萃编》著者王昶记文称。此碑或称在真定御史行台，又称在真定府公署中，其实，在察院署。今察院已废为公馆。昶屡屡宿此，至必摩挲。是碑字精劲，如前人所言，书者王士则见《韩文集》。兄弟皆能书，云云。(常盘大定 文)

图 3-36 · 唐清河郡王纪功碑

曲阳 QUYANG COUNTY OF HEBEI PROVINCE

灵寿 LINGSHOU COUNTY OF HEBEI PROVINCE

元氏 YUANSHI COUNTY OF HEBEI PROVINCE

顺德 SHUNDE COUNTY OF HEBEI PROVINCE

行唐 XINGTANG COUNTY OF HEBEI PROVINCE

定州 DINGZHOU CITY OF HEBEI PROVINCE

保定 BAODING CITY OF HEBEI PROVINCE

通州 TONGZHOU COUNTY OF HEBEI PROVINCE

TIANLONG MOUNTAIN OF SHANXI PROVINCE

TAIYUAN CITY OF SHANXI PROVINCE
PINGDING COUNTY OF SHANXI PROVINCE
YINGXIAN COUNTY OF SHANXI PROVINCE
YUCI DISTRICT, JINZHONG CITY OF SHANXI PROVINCE
DATONG CITY OF SHANXI PROVINCE
JIAOCHENG CITY OF SHANXI PROVINCE
ZHAOCHENG CITY OF SHANXI PROVINCE
YONGJI CITY OF SHANXI PROVINCE
PINGYAO COUNTY OF SHANXI PROVINCE

ZHAOXIAN COUNTY OF HEBEI PROVINCE
ZHENGDING COUNTY OF HEBEI PROVINCE

QUYANG COUNTY OF HEBEI PROVINCE
LINGSHOU COUNTY OF HEBEI PROVINCE
YUANSHI COUNTY OF HEBEI PROVINCE
SHUNDE COUNTY OF HEBEI PROVINCE
XINGTANG COUNTY OF HEBEI PROVINCE
DINGZHOU CITY OF HEBEI PROVINCE
BAODING CITY OF HEBEI PROVINCE
TONGZHOU COUNTY OF HEBEI PROVINCE

山西天龙山			☐
山西太原	山西平定	山西应州	☐
山西榆次	山西大同	山西交城	
山西赵城	山西永济	山西平遥	
河北赵州	河北正定		☐
河北曲阳	河北灵寿	河北元氏	■
河北顺德	河北行唐	河北定州	
河北保定	河北通州		

河北曲阳

修德塔

　　曲阳县城西南一里许有一塔，形甚奇特，即修德塔。此塔八角五层，底层面宽十一尺七寸，塔高凡一百二十尺。据明万历二年（1574）《重修记》载，此塔乃修德寺第一代松公翠宕禅师塔婆，其建造年代不明。但据明嘉靖十九年（1540）十一月《重修记》所载，此塔创建于太古，嘉祐末重修，以至于今。此塔历世几近五百年，可谓古朴苍然。从其建造来看，怎么看都早不过宋代以前。

　　此塔最底层南面錾有佛龛，下有莲瓣带饰接与台座，上雕蛇腹，状如玉蜀黍相连，此为第二层。第二层明显高于其他塔层，下面部分雕出小方框，上面部分则雕成碑形状，即长方形，上面屋檐状部位所嵌宝珠，有宝莲花为其底饰。连续五层建筑式样同出一辙。再上面有玉蜀黍状带饰。上面三层，各有浮雕图案装饰，状似勾栏，四面均有开窗，面与面交接之处则錾有窗台。顶上有露盘冠盖，露盘状如宝莲花，此塔实是造型奇特。有关此修德塔记述，系参考日本明治三十九年（1906）来此考察的塚本靖博士之撰述。（图4-1）（常盘大定 文）

图 4-1 · 修德塔

河北灵寿

赵郡王高叡建定国寺碑

定国寺碑立于北齐天保八年（557），然撰文者及字书者俱未见载。此定国寺碑立在古赵国灵寿，灵寿当时属定州，去州城二百余里。灵寿在今河北省正定县城西北，在北面滋河、南面滹沱河二河中间。

碑文系四六体的骈俪文，堪称北齐寺碑的范文。(图4-2) 此碑文并未被收录于正续《金石萃编》，由此推测，此碑应是最近才被发现。从碑文记载看，此定国寺在朱山，为定州禅师僧椆的开基道场。此碑刻文辞藻饰，称颂当时定州刺史、六州大都督赵郡王高叡至此随喜供奉，并开场造起，以成定国寺。关于僧椆创建定国寺，碑文记曰：

> 以其山处闲虚，林幽爽旷……乃施净财，云为禅室，于兹廿有余季矣……凿石开涂，披榛置径，因山结宇，无劳一匮之勤，即水萦池，非求百姓之力。

由是观之，当时僧椆禅师完全是靠一己之力以成禅室，即禅室已成之时尚不知有"定国寺"之名号。碑文称禅师在此居二十余年，则定国寺的创建大约在北魏晚期。到北齐时代，定州、幽州、安平州、东燕州、沧州、瀛州，辖此六州的大都督赵郡王高叡身为贵族，性格"忠以奉公，惠以施□"；威望"百城顺□，四时感德，阴阳随意，纲目如旨"；并"以先觉而寤后觉，后灯而助先灯，时欲远持三界（译者注：经对照原碑文，此处应是"将欲远持三界"），尽置十善"，是以"□开道场，摄心回向（译者注：经对照原碑文，此处应是"折心回向"），随喜供设，为福田□。以其寺，名□□□"。"定国寺"之称，乃赵郡王随喜之后始冠其名，赵郡王更在此造灵塔，并为灵塔供石佛。碑文载：

> 兼于此伽蓝，更兴灵塔。光光流曜，比秋月之华。蓬蓬茂出，如白云之举。铜槃上竦，远承仙露。金铎相鸣，遥惊山鬼。又复运蓝田之玉，采荆山之称，镂弹变化图穷相好。

致是定国寺遂成全赵境内名闻遐迩之寺院，善男信女，四方云集而来。对此，碑文载：

> 闬延髦士，庭鸟狷客。高裘盈门，清谈满席。燕南赵北，奇士爱臻。

又：

> 我有福地，全疑安养。

表达的是一种得于观瞻如此名刹从而自他共乐的情怀，进而希望此名刹能够香火长盛：

> 庶愿力护持，群神肃翼。须琛腐败（此处"琛"字，或是"弥"字亦有可能），胜地莫渝。玄圃飞浮，神山恒固。

又祈愿：

> 地煎热水，天壤灾风。愿将此处，悬置虚空。

有关定国寺的地理位置，碑文记曰"吐白陆之滋川""恒岭崇高""中山旧国""荆卿易水""□霸呼陀""寺去州城余二百里"，从而，大致可知其所在。

高叡乃北齐高祖皇帝高欢之弟高琛的儿子，幼年至孝，为高祖所爱，至失母之时，尽礼，持佛像及长斋。以及高叡至忠，武成帝崩后，欲却奸臣，被太后杀于雀离佛院。有关高叡，见《北齐书》卷13、《北史》卷51。

高叡建定国寺的前年，即天保七年（556），已造释迦佛、无量寿佛、弥勒佛、阿閦佛等白玉石像。此事见《常山贞石志》卷2，其述如下：

> 为亡伯献武皇帝、亡兄文襄皇帝，释迦像一区
>
> 为亡父南赵郡开国公琛、亡母华阳郡长公主元，无量寿像一区
>
> 为亡姊新蔡郡长公主叅沙、姊亡母寝氏，弥勒像一区
>
> 为己身并妃郑及一切有形类，阿閦像一区

所谓"亡伯献武"，即高祖神武皇帝高欢。"亡兄文襄"，即世祖皇帝。据称，凡此佛像，俱在灵寿县祁林院，仅此足以了解高叡对佛教信仰的态度。

图 4-2 · 赵郡王高叡建定国寺碑拓本

河北元氏

凝禅寺三级浮图碑

凝禅寺三级浮图碑位于河北省元氏县，不知碑文的撰者与书者为何许人。碑额上有篆体碑刻"凝禅寺三级浮图之碑颂"。碑文记述元氏县正信佛弟子赵居士融，字祖和，率赵氏一族、共乡贤道俗两千余人造三级浮图碑，并希望以所造之福祈祝皇帝、丞相、王公、百司、师僧、父母，乃至识性之类长生净土极乐。碑文末尾记大魏元象二年（539）二月造。石碑下半阕，刻有十三段姓名目录。

碑额为圭形，下部有十字篆额，篆额上方刻有卢舍那三尊佛像。三尊佛像左右两边，右边为居士，左

边乃妇人。左右两边所刻之像，或是赵融及其妻亦未可知。

碑文载称，无忧树下，高踏七步，耀天人之仪，四门出游，免悲生死之苦，恒化三世，尽教四域，后隐沙罗双树，有经图流范，西域有优阗王所造之像，东土有阿育王塔出现，世上滔滔，悉溺死爱河，不超然孤秀，则未能拯其至彼岸；正信佛弟子赵融，元氏人，恒以甘禅育命，以餐经养年，常叹夕命难图，以妙味自怡，不假珠璎之荣，不窥王帛之门，安贫乐道，轻金树福，为之，乡彦呼为居士。赵融观世归死，叹与飞蛾夕火无异，率长兄浮阳太守文奴等与乡贤道俗二千余人，造三级浮图凝禅寺，饰丹碧，雕仙形，又于衢设义餐，珍膳盈案。仰所造之福以资皇猷兼隆，并祈丞相休永、王公、百司、师僧、父母，乃至识性之类，尽以梵水洗心，长生净土极乐；乡义皆云，昔纤容之功，尚咏金篇，居士此景此福，非永世长续不可；乡人中兵参郑鉴、邑义二千等共立石刊之，以表灵迹，云云。

碑文中使用异体、别体字可谓数不胜数。（图4-3）

（常盘大定 文）

图4-3 凝禅寺三级浮图碑拓本

河北顺德

开元寺

顺德城内有两大佛教寺庙：一是开元寺，通称东大寺；另一是天宁寺，通称西大寺。

开元寺乃一大伽蓝，中有诸多殿堂、塔婆及幢碑。殿堂塔婆乃是以供奉释迦、文殊、普贤三尊像的佛殿及大雄宝殿为中心、为主角的建筑群，其数量不菲。佛殿门廊的廊柱有明正德十三年（1518）铭文，令其建造年代昭然于世。大雄宝殿北面不远处有一塔，称作大圣塔，为八角七层的砖结构建筑。此塔婆与正定县天宁寺的砖塔形制相同，只是在其塔顶之上，冠有层高九级的相轮。

寺院外面，原先还有一经幢，此经幢亦属寺院所有。(图4-4) 于今，此经幢唯见八角四层，经幢部分已失。经幢最底层，柱身上刻"大佛顶随求尊胜陀罗尼"，下面有双层莲座，上以兽面、华鬘为饰，以作华盖。

经幢的第二层，各面皆刻有上下两坐佛。下有莲座，与上同，亦以兽面、华鬘为饰，以作华盖。

第三层共八面，每面各有一坐佛，以及一立佛。下有双层莲座，上刻极富观赏价值的宝相花纹图案为装饰的方形华盖，可惜已有部分遭受破坏。

第四层亦是各面俱刻有立佛像，上面的华盖近半损坏。

此经幢的建造年代不详，就其建造手法及风格看，似是五代再晚些或是宋代建筑。

寺中古碑数量甚多，其中造立年代确凿者如下所示：

开元寺圆照塔记——大观四年（1110）

大金邢州开元寺重修圆照塔记——大定五年（1165）

大元顺德府大开元寺资戒坛碑——至正十六年（1356）

大开元寺重建普门塔之碑——至正十六年（1356）

泰定三年碑（1326）

至顺□年碑（1330—1332）

大德辛丑碑（1301）

以上所述，及下面有关天宁寺的记载，系参考日本明治三十九年（1906）塚本靖教授的考察报告。（常盘大定 文）

图4-4·开元寺（东大寺）石幢

天宁寺

天宁寺通称西大寺，寺中有一塔婆，有题名镌刻，铭文曰"大元顺德路天宁禅寺虚照禅师明公塔"，落款"延祐六年岁在己未八月"。其构建方式、形制与开元寺，即东大寺的大圣塔完全相同，表明二者系同一时代。

此塔为八角三层，立于双座台基之上。台基下半部已经毁损严重，上半部分还算保存完整，尚有斗拱、高栏，不失外观之美。塔婆底层，立于莲花座上，塔壁各面，均开有花格窗棂，接合处并造有八角五层塔形。此造型最为新颖，为其他形制塔婆所未见。轩梁下壁面有悬鱼装饰，此亦属新奇。塔婆第二层、第三层层高很低，与底层相同，亦见有悬鱼装饰。各层塔檐，均不用斗拱、垂木，而以刻撑之。塔顶用莲座倒扣，为一大覆钵。其上作塔盖，各轩隅处悬有风铎。塔盖上再有莲花座，上承十二相轮。相轮之上扣一球形，球上立有五轮、水烟、宝珠等物。此塔婆与临济寺清塔基座部分形制极为相似，只是，此塔一到三层以上，便不是使用壁柱，而是以塔婆造型取而代之。其次，相轮之上又套相轮，此种相轮造型亦属奇特，即显示此塔建造的匠心与手法独树一帜。（图4-5）

图4-5·天宁寺（西大寺）石塔

河北行唐

封崇寺

　　封崇寺在河北省行唐县城内，为建造于北齐天保七年（556）之古刹，后于北宋大中祥符二年（1009）奉敕改为今名。明、清二代，封崇寺几经重修，寺内碑刻文字可证。今日，封崇寺乃以天王殿、佛殿、毗卢殿（殿名确否待考）为中轴而保其伽蓝原貌。作为寺院整体，虽然还有其他一些附属建筑物点缀其间，但是，除此三大殿外，余者已悉数为民家所占，封崇寺的山门也已废芜，毗卢殿左右两边均已成农地。虽说封崇寺已是荒废，但毕竟寺中历史文化与佛教文化遗物甚多，因此，寺虽废，尚不负其名刹之享誉。从封崇寺的大门进入，左方有北宋真宗朝大中祥符九年（1016）立的敕赐封崇寺寺额并记碑，还有同样是北宋真宗朝大中祥符二年（1009）的牒文碑刻。右方，则有汉白石造的佛顶尊胜陀罗尼经幢，此经幢可以说是封崇寺中最有价值之文物。在佛顶尊胜陀罗尼经幢右方，立有北宋徽宗朝宣和三年（1121）封崇寺铸钟记碑。毗卢殿殿前大庭方向右方，有唐僖宗光启二年（886）立的经幢，经幢刻有史归舜撰并书的陀罗尼并序。左方有元至正七年（1347）立的封崇寺圆明了性大师行业碑，此碑乃董珪文、张涛书。后面有隋开皇十三年（593）立的杨小口造石浮图记碑。此外，还有造立年代不明的金刚经碑一座、明代的碑刻四座、清代的碑刻三座。由封崇寺已有隋代的石浮图记的碑刻可知，碑刻确认封崇寺的创建可以追溯至六朝时期。此大理石佛顶尊胜陀罗尼经幢高达数丈，为八角六层。（图4-6）

　　由下往上，第一层柱身刻有陀罗尼，上有天盖，下有莲座，且台基八角刻有狮子。天盖部分，上边各面刻有三兽衔环，环乃悬以华鬘，天盖下边则有凤凰、飞天浮雕。

　　第二层八面均錾有佛龛，佛龛下有铭刻，并附有佛像、蟠龙、人马等雕刻。佛顶尊胜陀罗尼碑同样上有天盖，下有莲座。天盖与下层相近，有飞鸟、迦陵频伽等雕饰。

　　第三层四面錾有用于纳佛陀立像的佛龛，并刻有铭文，亦是上有天盖，下有莲座。天盖八面俱刻宝殿、人物，八角均凸起，成城楼造型。

　　第四层与下面三层大相迥异，造石以呈巍峨状，雕龙绕巉岩而飞腾，并于岩壁各处錾小佛龛以纳佛像。

　　第五层又是八角形状，塔身四个壁面錾刻门形，角隅处则刻窗棂形状，同样是上有天盖，下有莲座。

　　第六层刻有蟠龙，上有天盖，但比其他层天盖要大许多，天盖上冠以宝珠。

　　此尊胜陀罗尼经幢，中腹以上部分显得柱身甚粗，相较之，中腹以下部分则细小得多，多少给人岌岌可危之感。但是，若论匠心与创意，此经幢实是少有类比，且雕刻亦甚精美。可惜经幢铭文中不见有建造年代之记载，推察之，莫不会是晚唐以后。

　　唐僖宗光启二年（886）四月八日造的陀罗尼经幢为八角二层。下层柱身刻陀罗尼，上层刻有坐佛、罗汉。上下层俱有天盖与莲座，最上面乃是一大天盖。天盖八面上方刻有狮面像，衔华鬘垂于帐幔之外。虽然如此造型实属平常，不足为奇，但贵在一应俱全。此尊胜陀罗尼经幢与郑州开元寺的经幢俱可列为晚唐时期的经幢范本。

　　毗卢殿前的隋代造石浮图（图4-7），乃汉白石所造，为方形五层。最下一层明显比其他层高，塔身四面錾有佛龛，以纳佛像。底座为双层基坛，最下面的基坛上刻有莲花。此塔虽然雕刻简单，但整体比例协调，颇具观赏价值。

　　其顶上所覆四方佛龛石，恐怕亦是隋代所出，或许原本就不是此塔所属之物。以上所述，系参考日本明治三十九（1906）年塚本靖教授的考察报告。（常盘大定 文）

图 4-6 · 封崇寺 · 石幢

图 4-7 · 封崇寺 · 石幢

河北定州

开元寺

若论定州城内值得观瞻之处，开元寺的八角十一层大砖塔应是其中之一。

此塔又称料敌塔，高约二百二三十尺。各层以刳出轩，不加塔盖。此塔大体轮廓为曲线状，塔身上部急剧收缩变小，各层径宽依次递减，除最底层外，其余每层高度相差无几。

塔婆各层，东西南北，正向四面俱开窗，窗呈半圆拱形，其余四面则錾窗棂形状。

塔中还有塔，并于四周壁面开錾佛龛，以奉佛像。外塔与内塔之间设有通道，顺着通道拾阶而上，便可登至最顶层。塔婆底层于楼梯通道上筑有格天井。格天井内刻有浮雕，既有几何图案，亦有花鸟其他。第二层以上则刱构天幕苍穹。

清光绪初年（1875），此塔东北角一面，自最上方直至底层，外廓全部崩塌，致使塔内建筑裸露在外。

《大清一统志》载此塔乃宋真宗咸平四年（1001）建，宋仁宗至和二年（1055）竣工。现在所见，应是宋代建造之物。（图 4-8、图 4-9）（关野贞 文）

图 4-8·开元寺·八角十一层砖塔西面（1902年5月拍摄）

图 4-9 · 开元寺 · 八角十一层砖塔东面（1908年11月拍摄）

河北保定

莲池书院

　　清光绪七年（1881）李鸿章、李培祜等人重修的《保定府志》卷28有记莲池书院，《保定府志》称莲池书院在保定府治南面，乃总督李卫于清雍正十二年（1734）建造。据碑文所记刊补，清光绪七年（1881），布政使任道镕、院长黄彭年，筹添经费，增修讲舍，后立碑以志，碑即李卫的莲花池修建书院增置使馆碑。李卫的碑文甚长，现摘录如下：

　　古莲花池上有临漪亭，肇自唐上元间。志谓鱼泳鸟翔，得潇湘之趣。地故本寥廓，元守帅张柔崇构馆榭，始成钜观。明万历间，圂圌四集，轶有其地，先后守者，购其遗址，葺其倾圮，正其方面，位次池馆之规制，遂相传至今……余以雍正十年，建节保阳……于公余葺理整顿为吾职所当为，而建立书院之诏适下……新旧共为门三、堂五、斋四、左右庑八、魁阁一、廊五、平台一、亭二、楼一、小屋四十余区、池二、桥一，经始于雍正十一年之五月，落成于是年之九月成。

　　《保定府志》卷28黄彭年的《莲池书院增修讲舍记》中载，莲池原为张柔的故园，其北面的万卷楼乃贾辅藏书之处；明朝时，其乃保定府别墅，进入国朝后改为书院，有康熙、乾隆两位皇帝御制莲池书院诗，皆勒石以志；清光绪四年（1878），予始重领书院，置书两万余卷，以令书生得于纵观，云云。

　　日本明治三十五年（1902）9月，来此考察的伊东忠太博士曾感叹莲池书院虽甚有名，然池水浑浊，堂宇崩塌。（图4-10）（常盘大定 文）

图 4-10 · 莲池书院

河北通州　佑胜寺砖塔

佑胜寺在通州城内，寺已荒废，唯塔独存。此塔八角十三层，又称"然灯佛舍利宝塔"（译者注：此处似应"燃灯佛"）。《通州志》载，此塔建于后周宇文氏时代；唐贞观七年（633），尉迟敬德监修；元代至德年间，笃烈图述再修；明代成化年间，此塔重修；清康熙九年（1670），黄花山僧人重修；清康熙十八年（1679），